英文精読への アプローチ

ミクロとマクロの視点から

駿台予備学校講師・河合塾講師
太 庸吉
Yokichi Futori

研究社

はしがき

　予備校の教室でこれまで数多くの受験生に接しながら考え続けてきたのは、英文を正確に読む方法、英文を読む楽しさをどのようにして伝えられるかということであった。それが、ひいては大学入試問題の解法につながる問題の「見方」や「考え方」を養うことになるのではないか。かくして四半世紀にわたり試行錯誤を繰り返しながら辿り着いた結晶が本書である。佐山栄太郎氏をはじめとする先人たちと同じく、いわゆる小手先の「受験英語」なるものは存在しないと確信するに至っている。

　私が受験生だったときは、山崎貞著『新々英文解釈研究』（研究社）、原仙作著『英文標準問題精講』（旺文社）が英文解釈の参考書のバイブルであった。前者は形と意味の類似した構文や成句を一括して解釈した上で短い英文の演習問題に挑戦するものであった。それに対して、後者は構文や成句の項目を設けず、Bertrand Russell をはじめとする名文を素材に構文・文法・語義の説明を施すことで文章を鑑賞することを目指すものであった。そして、時を経て、これらの名著に決定的に欠けていた英語の体系を根底から問いかける伊藤和夫氏の著作群が現われる。氏は「英文解釈の公式と呼ばれる『英文解釈法』は熟語表現への過度の傾斜と日本語を媒介とすることへの無邪気な信頼である」と批判し、英語を形から考えることに着目した。基本的な約束事を明示し、英語の構造を分析することで、英語を読む際の頭の働かせ方を解明したのである。これによって、英文を1文1文正確に読む方法論が確立されることになる。まさに画期的な業績と言えよう。

　1980年半ば、大学入試英語問題の長文化と問題量の増加が顕著になり始めた頃に予備校講師になった私が痛感したのは、1文を体系的・構造的に読むだけではなく、複数の文から成り立つパラグラフ内部の構成、複数のパラグラフから成り立つ文章全体の構成をどのようにして捉えたらよいのか、ひいては文脈を追いかけるとはどういうことなのか、という点であった。それは、いわば、1本の樹木を見て分析するだけではなく、数多くの樹木も集合体であるというスタンスに立ち、森全体を見る視点を獲得することであった。

　1980年代後半、代々木ゼミナールの授業中、文と文とのつながりについて説明する際に、「Xという表現がYという表現にリレーされている」と不意に口をついた言葉が、以降、私の命題となる。そして、この「表現リレー」という現

象がなぜ起こるのかを解明することが私の課題となり、のちに私の教授法の根幹となるに至った。表現リレーとは、文と文とは連綿とつながっているという事実を基に、文と文とをつなぐ連結語の存在（これは書かれていなくても潜在する）によって、文章の書き方や構成法から必然的に生ずる現象であることが判明した。

　1992年、私と同じ考え方を書いた本があると同僚から紹介された。谷口賢一郎著『英語のニューリーディング』（大修館書店）である。この著作によって、「談話分析」「情報展開」を再認識することになり、私の考え続けていた英文へのアプローチの理論的裏づけがもたらされることとなった。こうして、予備校の授業に Discourse Maker にスポットを当てた英文の読み方を、そして「情報の流れ」に基づく英文の書き方に着目する方法論を導入することになったのである。以上が本書の生まれた経緯である。

　本書が受験生をはじめとする英語の学徒に光明がもたらされたとしたら、これに勝る喜びはない。

母の身罷りし年の秋に　　太　庸吉

謝　辞

　2000年、2001年に駿台予備学校主宰の長野県高校教師を対象とする「教科指導力向上セミナー」において行った講義を基に2001年に書き上げた原稿が本書のルーツであります。今でも長野県の熱心な先生方の表情が思い出されます。その際、原稿に目を通し、貴重な助言をしていただいたのが、同僚の林愼市氏、木村真哉氏でありました。また、このたび研究社より本書を出版するにあたって、大幅に加筆訂正した原稿を検証し得難い助言をいただいた方々が、同僚の田口清一氏、古舘克洋氏、かつての教え子だった岡本有充氏、小山克昌氏、本田智彦氏でありました。みなさまに篤くお礼申し上げます。

　特筆すべきは、志學塾、神田予備校、新潟予備校、研数学館、代々木ゼミナール、駿台予備学校、河合塾で出会った名も知らぬ数多くの受験生との1時間1時間の真剣勝負の授業を通して、私が予備校講師として育まれてきたという事実であります。私の授業にかつて参加してくれた、また、今参加している受験生のみなさん、本当にありがとう。

最後になりましたが、1994年頃から私の出版を待ちに待っていただいた研究社の佐藤陽二氏の熱意と真摯な態度がなかったならば、本書がこのような形で日の目を見ることはなかったでありましょう。誠にありがとうございました。篤くお礼を申し上げます。

追　記

　本書はPart I、Part II、Part IIIの順番で読むことを希望します。Part Iの基盤の上にPart IIが、そしてPart IとPart IIの結集の上にPart IIIが存在するからです。

　以下に本書の素材となった問題の出題大学を記し、関係者各位への感謝の気持ちに代えさせていただきます。

Part I　1・2　高知医科大学／3　自治医科大学／4　大阪大学／5　東京大学／6　京都大学

Part II　予行演習1〜3　センター試験／1　横浜市立大学／2・3　東京大学／4　長崎大学

Part III　1　京都府立医科大学／2　日本医科大学／3　北海道大学／4　早稲田大学／5　中央大学

目　次

Part I　下線部和訳 1

- 和訳問題 *1*　　2
- 和訳問題 *2*　　10
- 和訳問題 *3*　　19
- 和訳問題 *4*　　33
- 和訳問題 *5*　　39
- 和訳問題 *6*　　49

Part II　大意要約 57

- 要約問題 *1*　　75
- 要約問題 *2*　　83
- 要約問題 *3*　　97
- 要約問題 *4*　　114

Part III　読解総合 127

- 総合問題 *1*　　128
- 総合問題 *2*　　141
- 総合問題 *3*　　154
- 総合問題 *4*　　166
- 総合問題 *5*　　180

✥ 本書で用いる記号

〔1〕 略　語

主語／主部：S　　　　　意味上の主語：S′
動　詞：V　　　　　　　意味上の動詞：V′
述　部：P　　　　　　　意味上の述語：P′
〈主部について述べる部分で動詞のかたまり〉
目的語：O　　　　　　　意味上の目的語：O′
補　語：C　　　　　　　過去分詞：p.p.
形容詞〔句・節〕：M_1　言い換え可能：（　　）
副　詞〔句・節〕：M_2　省略可能：〔　　〕
　　　　　　　　　　　　全体の説明：〈　　〉／⇒
　　　　　　　　　　　　関係代名詞：関代
　　　　　　　　　　　　関 係 副 詞：関副

〔2〕 英文に施す記号

S／V／O／C／P：＿＿＿
M_1（形容詞〔句・節〕）：（　　）
M_2（副　詞〔句・節〕）：〈　　〉　⇒　～～～
助動詞：……
接続詞 or 接続詞的副詞（接続副詞）or 関係詞：＿＿＿
修飾される部分 or 意味上のS′or 重要語：◯／▢
名詞句（節）：「　　」
表現リレーの箇所：A ⇒ A′
or：／

〔3〕 マクロの視点の記号

等しい関係：A＝B
逆接関係・対比関係：A ↔ B
追加関係：A＋B
因果関係・結論関係：A → B
連結語・Discourse Marker：＿＿＿
ツヨイ文：◯
ヨワイ文：〈　　〉

Part I　下線部和訳

　下線部和訳とは、下線を施した文の構造を正確に把握すること、つまり、**文法上の読解ルール**という、ミクロの視点を駆使して英語を日本語に移し換える行為である。下線部には概して、その文章の中での重要なテーマを表す語句が存在している。ところが、それが中学、高校の6年間を通して教わる英単語・英熟語の範囲を超えた、難易度の高い語句であったり、日本語に移しにくい箇所であったりすることが時としてある。このような場合、従来、その語句の意味を「文脈から判定して考えよう」という曖昧な言い方がなされてきたが、では、「**文脈から考える**」とは一体どういうことなのだろうか。

　それは下線部の文だけに焦点を当てるのではなくて、**前文あるいは後文との関係、もしくは、その文内部での語句どうしの関係を考えることにほかならないのである**。そうすることによって、**あるかたまり〈文・節・語句など〉が同じ内容を持つ別の表現か、あるいは、反対の内容を持つ対立する表現に置き換えられている現象に気がつくはずである**。この認識こそが下線部を和訳する際に大きな効果を生むことにつながるのである。言い換えれば、「**文脈から考える**」とは、Part II で試みることになる、**文と文との連続性を意識することで絶えず文関係を考えるというマクロの視点に立脚することである**、ということに着目したいのである。

　以上のことから、下線部和訳問題を考える上では、ミクロの視点だけでなく、マクロの視点をも駆使することによって、重要語句の意味の把握ができるばかりでなく、また、ある構文の使われ方と意味も類推可能となり、下線部を正確で自然な日本語に移し換えることができるはずだ。

　それでは、以上の点に鑑みて実戦問題に挑戦することにしよう。

Part I　下線部和訳

和訳問題 *1*

次の英文を読んで、下線部 (1)、(2) を日本語に訳しなさい。

❶According to every Japanese language textbook or dictionary, *arigato* is the word a Japanese uses to express his thanks, while *sumimasen* is the word he uses to tender apologies for something (stepping on someone's toes in a crowded train, for example) about which he feels sorry. ❷<u>Since the latter word matches seemingly to perfection the "excuse me" of any Western language, the lazy foreigner tends to be satisfied with this definition and to look no further.</u>(1) ❸<u>Thus many a Western visitor to Japan with a knowledge of Japanese picked up in his own country experiences a mild shock when he hears a Japanese who has just had his cigarette lit by a stranger, for example, thank him with a *sumimasen* instead of an *arigato*.</u>(2)

（高知医科大学）

（訳は別冊 p. 2）

下線部解説

◇下線部 (1)◇

① <u>Since</u> <u>the latter word</u> P

　下線部 (1) でまず問題になるのは Since から始まる従属節中の the latter word である。これは第 1 文の **A**：*arigato*〈前者〉〜 **B**：*sumimasen*〈後者〉を受け継いで、the former word 〜 the latter word となるはずであるから、第 2 文の the latter word は「後者の『すみません』という言葉」と解釈できる。※「前者—後者」の表現に注目しよう〈※は以降構文解説を参照していただきたい〉。

　なお、Since は「理由」を表す接続詞 As と同じ。したがって、①は「**後者の『すみません』という言葉は〜だから**」となる。

② <u>S matches seemingly to perfection the "excuse me" of any Western language</u>
　　　V　　　 M₂　　　 M₂　　　　　　　　O

　続いて、従属節 Since 中の seemingly という副詞はどのように機能しているのかを考えてみよう。この場合も第 1 文との関係から把握してみると、

❶ According to 〜, A is —, while B is ....
（〜によれば、A は—だが、一方、B は…だそうだ）
→❷ B matches seemingly to perfection 〜

の流れから、seemingly が第 1 文の According to 〜 の機能に相当する文修飾の副詞であることが判明する。

"According to X〈情報源となる人物／データ〉, S+P"（〜の見解によれば、—）は、X の視点からの X の考えを述べる表現であり、文全体を修飾する副詞句であることにスポットを当てる。

　したがって、**seemingly は文全体を修飾する副詞**として機能しているから、

It seems that S maches to perfection 〜

と置き換えて考える。"It seems to X〈人〉 that 〜"（X には〜ように思われる）は X の考えを表す。この場合は to him or her（＝ the lazy foreigner）が省略されており、the lazy foreigner の考えを述べている。

また、matches の目的語は副詞句 to perfection の後の the "excuse me" of any Western language である。

このように目的語のかたまりが長いとき、目的語は副詞〔句〕の後に置かれる。つまり、**S＋V＋O＋M₂** が **S＋V＋M₂＋O** に**語順転倒**されることに注目しよう。

なお、to perfection は perfectly であるから、②は「**S はどの西洋語にもある "excuse me"（失礼しました）にぴったり合っているように思われる**」となる。

③　❷<u>the lazy foreigner tends ⓣⓞ be satisfied with this definition and ⓣⓞ look no further</u>

and が構造上、同じ働きをする要素を接続することを踏まえれば、この場合、to 不定詞どうしを接続することが明らかになる。

また、tend to ～ は助動詞として捉える。

> **注目**　tend to ～ ＝ have a tendency to ～ ＝ be apt (liable, prone) to ～
> （～する傾向がある、～しがちだ）

なお、this definition は「この定義」という訳出でよいが、

　S〈B〉matches seemingly to perfection（B が～にぴったり合っているように思われる）⇒ this definition（この定義）〈前文のまとめ〉

の流れを意識しておくことは肝心である。

また、Since に導かれる従属節が「理由」で、主文が「結果」という因果関係に注目すれば、"S〈B〉matches seemingly to perfection ～" であるから、"be satisfied with ～" が「～に満足する」であり、"look no further" が「それ以上確かめてみない」という意味になることが納得できよう。さらにまた、the lazy foreigner は「横着な外国人というもの」「横着な外国人なるもの」の意味であって、特定な人を指すものではない。「the ＋普通名詞の単数形」にはその名詞の種類全体を指す総称的用法がある。

　（例）The horse is a friendly animal.（馬というのは人なつっこい動物である）

したがって、③は「**横着な外国人というのはこの定義に満足し、それ以上確かめてみようとしない傾向がある**」となる。

以上の3点から、下線部(1)の日本語訳は次の通りである。

――― 下線部(1)の日本語訳 ―――
　後者の「すみません」という言葉は、どの西洋語にもある"excuse me"（失礼しました）にぴったり合っているように思われるので、横着な外国人というのはこの定義に満足し、それ以上確かめてみようとしない傾向がある。

◇下線部(2)◇
　第3文下線部(2)は、第2文を受け継ぐThus（そういうわけで）で始まる。つまり、第2と第3文は「原因」と「結果」の因果関係を表している。

①

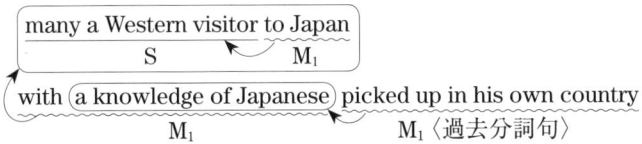

　文の骨格であるS〈主部〉の姿とP〈述部〉の発見に目を向けてみよう。まず、Sのかたまりの内部構造は以下の通り。

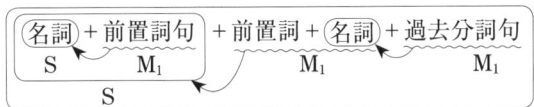

つまり、次のような関係になる。

　　名詞 + 前置詞句 + 前置詞 + 名詞 + 過去分詞句
　　 S   M₁   M₁   M₁
　　　　　S

＊M₁とは前置詞句、現在分詞句、過去分詞句、to不定詞句、関係代名詞節、関係副詞節であるが、これが**後置**されて名詞を修飾すると、S、O、Cの名詞のかたまりが拡がっていく。そして、M₁の中の名詞要素にさらにM₁がくっつくと、修飾される名詞のかたまりはますます拡大されていく。

　たとえば、第3文型のS、OにそれぞれM₁がつく可能性を考えると次のようになる。

　　Ⓢ + M₁ + M₁ … + V + Ⓞ + M₁ + M₁ …

S、V、O、C の発見を困難にさせる要因として、以上のような M_1 と、さらには M_2 の存在があることに着目する。

名詞の後に付属物がつく可能性があることを常に意識しよう。

また、many a $\overset{単数名詞}{\underline{\qquad}}$ は many $\overset{複数名詞}{\underline{\qquad}}$ と考える。

したがって、①は「自国で身につけた日本語の知識を持って日本にやって来る多くの西洋人は、…すると、いささか驚きを覚える」となる。

② <u>**he hears a Japanese who ～ thank him with B instead of A**</u>
  S V O M_1 C

この文は上記のように第５文型。**S＋V＋O＋C** ではＯとＣの間に「**主部＋述部**」の関係〈ネクサス関係〉が存在することに着目しよう。O＋Cは文が圧縮されたものであり、内容上"O＋C"全体がＶの目的語であるのだ。ここでは **hears** という知覚動詞があるために、Ｃが"thank"という原形不定詞のスタイルをとっている。

そして、ここでもＯの a Japanese に M_1 の関係代名詞節がくっつくことによってＯのかたまりが拡大されている。

さらには **B instead of A** は「**A** の代わりに **B**」という意味から「**A** ではなくて **B**」という否定の意味になる。

ここで視点を拡げると、第１文′：<u>a Japanese uses the word *arigato* to express his thanks</u>（日本人は感謝の気持ちを表すのに「ありがとう」という言葉を使う）⟹ <u>a Japanese thanks him with ～</u> という流れに気がつくであろう。

したがって、②は「～日本人が『**A**』ではなくて、『**B**』と言って自分に礼を述べるのを聞く」となる。

③ <u>**has just had his cigarette lit by a stranger**</u>
 M_2 V O   C

who 以下の関係代名詞中では第５文型の"**have＋O＋p.p.**"のスタイルになっており、この場合、O＋Cの内容がＳの意志による利益を表すことから、「使役」に解釈する。

したがって、③は「見知らぬ人にたった今煙草の火をつけてもらったところだ」となる。

以上の３点より下線部 (2) の日本語訳は次の通りである。

――― 下線部 (2) の日本語訳 ―――
そのため、自国で身につけた日本語の知識を持って日本にやって来る多くの西洋人は、たとえば見知らぬ人に煙草の火をつけてもらったばかりの日本人が、「ありがとう」ではなく「すみません」と言って自分に礼を述べるのを聞くと、いささか驚きを覚えるのである。

✳✳✳✳✳✳✳✳ 構文解説 ✳✳✳✳✳✳✳✳

1

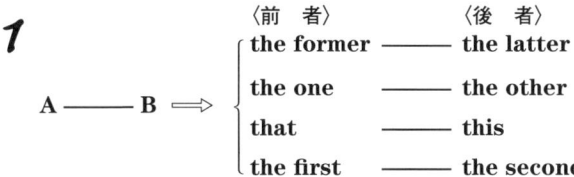

前文で先に登場した A と後に続く B を受け継ぐ「**前者―後者**」の構文。

(例文) Neither my father nor my mother is in Japan; the one is in France, and the other in America.
（私の父も母も日本にいません。父はフランスに母はアメリカにいます）

2 文修飾の副詞 S+P

文修飾の副詞は著者の視点からの文全体への批評を表現する。このことから文修飾の副詞は「**感情**」「**見解**」「**確実性**」などを示す副詞であることがわかる。位置は文頭か文尾か動詞の前に置かれるのが原則。文修飾の副詞は文の外側にある独立した存在である。

→ It is 形容詞 that S+P に変換可能。

(例文) Fortunately, she was not killed in the accident.
→ It was fortunate that she was not killed in the accident.
（彼女がその事故で死ななかったのは幸運だった）

3 a. 名詞＋前置詞＋名詞　〈後置の前置詞句による名詞修飾〉
　　　　　　　M1

（例文）　That man in a red tie is my uncle.
　　　　　　　　　　M₁
　　　（赤いネクタイをしたあの男性は私の叔父です）

b. 名詞＋p.p.＋M₂／p.p.＋O＋[M₂]／p.p.＋C＋[M₂]
　　　　　　M₁　　　　　　M₁　　　　　　M₁
〈他の語句を伴った後置の過去分詞句による名詞修飾〉

（例文）　I received a letter written in French.
　　　　　　　　　　　　　　P.P.　　M₂
　　　　　　　　　　　　　　　　M₁
　　　（私はフランス語で書かれている手紙を受け取った）

I had been looking for the book given Julia by John.
　　　　　　　　　　　　　　　　　P.P.　O　　M₂
　　　　　　　　　　　　　　　　　　　　M₁
（ジョンがジュリアにあげた本を私は捜していたのだった）

The man elected chairman is my hateful enemy.
　　　　　P.P.　　C
　　　　　　M₁
（議長に選ばれた男は私の憎むべき敵だ）

4　S+V+[O+C]　⇒　第5文型はS+VとO+Cという2つの要
　　　　〈S+Pの関係〉　　因から成り立っておりO+Cは「主語＋述
　　　　〈内容上のO〉　　語」が圧縮された文で、内容上O+Cのか
　　　　　　　　　　　　たまりがVの目的語である。

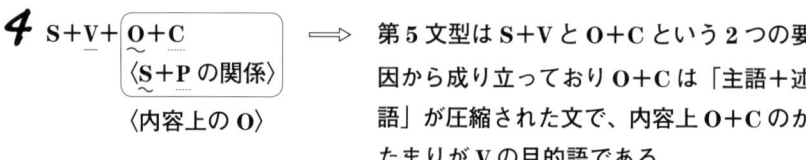

（例文）　I thought him honest.　→　I thought that he was honest.
　　　　　　V　　O　C　　　　　　　S　V　　　　S　　P
　　　　　　　　S'　P'　　　　　　　　　　　　　　　O
　　　　　　〈内容上のO〉
　　　（彼は正直だと私は思った）

注目　1. V　⇒　{ ①think 型　⇒　OがCであるとV〈認識〉
　　　　　　　　　　②make 型　⇒　OがCである状態にV〈行為〉
　　　　2. Cの種類　⇒　①名詞句〔節〕　②形容詞・形容詞句

ⅲ 現在分詞　　ⅳ 過去分詞
ⅴ to 不定詞　　ⅵ 原形不定詞

5 知覚動詞＋O＋原形不定詞　（〜が…するのを—）〈4 の考え方〉
　　　　　　　　　　　C

知覚動詞のときには O＋C の C には原形不定詞がくる形がある。

注目　知覚動詞　⇒　see ／ watch ／ look at ／ hear ／ listen to ／
　　　　　　　　　　　feel ／ notice ／ observe ／ perceive

（例文）　I saw a boy enter the building on the corner.
　　　　　V　 O　 　C
　　　　（一人の少年が角の建物に入って行くのが目に入った）

6 have＋O＋p.p.　4 の考え方より「〜が…される状態を持つ」が原義
　　　　　　C
〈受動関係〉

a. O＋C の内容が主語の意志による利益を表す　⇒　**使　役**
　　（〜に…させる）〈命令〉
　　（〜に…してもらう）〈依頼〉

（例文）　I must have my watch repaired.
　　　　S　　 V　　 O　　　 C
　　　　（私は時計を修理してもらわなければならない）

b. O＋C の内容が主語の意志によらない不利益を表す
　　（〜が…される〔被害を受ける〕）　　　　　　　⇒　**被害の経験**

（例文）　I had my pocket picked in the crowd.
　　　　S V　 O　　　 C　　　M_2
　　　　（私は人混みで財布をすられた）

c. O＋C の内容がある行動による「結果の状態」に重点を置く⇒**完了**
　　（〜を…してしまっている）

（例文）　I had my diary written up.
　　　　S V　 O　　　 C
　　　　（私は日記をつけてしまった）

和訳問題 2

次の英文を読んで、下線部 (1)、(2) を日本語に訳しなさい。

❶<u>It's possible that the threat of environmental calamity will scare us into changing our ways. ❷The specters of dead forests and rising oceans and skin cancer may cause us to veer from the way of life that produces such consequences.</u> ❸But our tendency is to see environmental problems as either remote from where we live or remote in future time. ❹If the trees in our neighborhood seem healthy enough, acid rain is an abstraction. ❺<u>As long as the greenhouse effect is a story on television or in the *New York Times*, and not an absence of bread on our tables or the presence of salt in our drinking water, it is unlikely to prompt us to use fossil fuels twice as efficiently as we now do — the order of change necessary, some scientists are saying, to mitigate global warming.</u> ❻We economized for a short time in the seventies, but only because gasoline wasn't in the pumps. ❼When it returned, so did our profligate* energy habits.

profligate: wildly extravagant

（高知医科大学）

（訳は別冊 p. 2）

下線部解説

◇下線部 (1)◇

① ❶It is possible that S will ～ ⟹ ❷S may ～ 〈表現リレー〉

② A: ❶<u>the threat</u> of environmental calamity ... scare us into changing our ways
    S   V O

 ⟹ A′: ❷<u>The specters</u> of dead forests and rising oceans and skin cancer
       S
   ... cause us to veer from the way of life that ─ 〈表現リレー〉
     V O

　まず、第1文の calamity, changing our ways の our ways、第2文の The specters, veer from の意味は何か？ が問題になる。これは、単なる単語力を問うているのではない。その狙いは、文と文の関係からこの語句を類推させようとしていることにある。第2文が第1文の具体的記述となっていることに気がつけば、第1文＝第2文の関係が判明する。そして、その関係に注目すれば、calamity, our ways, The specters の意味が浮き彫りになるだろう。

　ここで着目すべき点は、下線部の1文だけを読解しようとするのではなくて、常に前文あるいは後文との関係、もしくは、その文内部での語句の関係から文章を考察するということである。**文相互の関係に着目するということは、要するに、文と文は連綿とつながっているという文の連続性を意識することであり、そこから同意表現の移行という現象が見られるはずだ。本書ではこの現象を『表現リレー』と呼ぶことにする。**

　『表現リレー』とは、ある語・句・節・文などのかたまりが同じ内容を持つ別の表現に置き換えられる現象のことを言う。

　これ以降、解説する際に、表現リレーという言葉を多用するので、注目していただきたい。

　さて、①、②の表現リレーを詳しく検討してみると、次のようになる。

 (ⅰ) ❶<u>the threat</u> of environmental calamity
  ⟹ ❷<u>The specters</u> of dead forests and rising oceans and skin cancer

だから、「立ち枯れた森林や水嵩(かさ)の増している海や皮膚癌」の"dead forests and

rising oceans and skin cancer" に相当する "environmental calamity" が「環境上の大災害」の意味であり、「脅威」の the threat に相当する "The specters" が「恐れ」の意味であることが判明する。また、

 (ii) ❶ changing (our ways) ⟹ ❷ veer from (the way of life M_1)

より、「生活様式」の the way of life に相当する "our ways" が「生き方、生活様式」の意味であり、「変える」の changing に相当する "veer from 〜" が「〜から向きを変える」の意味だと判明する。

 構文上注目すべき点は、第1文の that 以下の主語と第2文の主語が**無生物主語**の形をとっていることだ。つまり、

$$\underbrace{\underline{\text{the threat}}_{V'}\ \underline{\text{(of 〜)}}_{O'}}_{\langle S \to M_2 \text{に還元}\rangle}\ \underline{\text{scare}}_{V}\ \underline{\text{(us)}}_{\langle \overset{O}{\to S}\rangle}\ \underline{\text{into –ing}}_{M_2}$$

"the threat of 〜" には原因の副詞節が潜在すると考えて、原因の M_2 に還元し、目的語の人間 us を主語に変換して、「〜に脅威を感じるために、我々は怯えて―する」と解釈する。同様に、

$$\underbrace{\underline{\text{(The specters of 〜)}}}_{\langle S \to M_2 \text{に還元}\rangle}\ \underline{\text{cause}}_{V}\ \underline{\text{(us)}}_{\langle \overset{O}{\to S}\rangle}\ \underline{\text{to —}}_{C}$$

は、「〜という恐れが原因で、我々は―するようになる」と解釈する。
 ここで、

  { (無生物主語) scare O 〜 〈人〉 into –ing （〜は〜を脅して―させる）
         ⟶ （〜ために、〜は怯えて―する）
    (無生物主語) cause O 〜 〈人〉 to — （〜は〜に―させる）
         ⟶ （〜ために、〜は―するようになる）

となることを確認しておこう。
 以上の考察により、① は「〜かもしれない」となる。② の A は、**「環境上の大災害に対する脅威のために、我々は怯えて生き方を変えてしまう」**、A′ は、**「立ち枯れた森林や水嵩の増している海や皮膚癌に対するという恐れによって、我々は―生活様式から方向を変えるようになる」**となる。
 したがって、以上の2点により、下線部 (1) の日本語訳は次の通りである。

―― 下線部（1）の日本語訳 ――
　環境上の大災害に対する脅威のために、我々は怯えて生き方を変えてしまうかもしれない。立ち枯れた森林や水嵩の増している海や皮膚癌に対する恐れによって、我々はそのような結果をもたらす生活様式から方向転換するようになるかもしれない。

◇下線部（2）◇

① ❺<u>As long as</u> (the greenhouse effect) is B, and not A, (it) is unlikely
　　　　S　　　　　　　　　　　　　　　 V　C　　　　　 C
to ―

　従属節を導く"as long as ～"は、「～する限り、～しさえすれば」という意味であるが、ここでも前文の第 4 文とこの第 5 文とが並列関係であることから、

　　If ～　⟹　As long as ～

への表現リレーが判明する。"As long as"が条件節を導く接続詞であることがますます明瞭になる。
　また、"B, 〔and〕 not A"は「B であって、A ではない」の意味で、英語の論理展開の重要な表現の 1 つである"not A but B"（A ではなくて B）〈A, B は同じ要素〉と等しい。
　さらに、"S is unlikely to ～"は「～する可能性は少ない、～しそうもない」という意味。"is unlikely to"は助動詞と考える。
　したがって、① は「温室効果が～話であって、…でない限り、それは―する可能性は少ない」となる。
　B, and not A は「A ⟷ B」という逆接関係を表す。
　つまり、

　　⎧ B: either remote from where we live or remote in future time（自分たちの
　　｜ 　　住んでいる所から遠く離れたことか、遠い未来のことか、どちらか）
　　⎨ ⟶ B: an abstraction（非現実的なもの）
　　｜ ⟶ B: a story on television or in the *New York Times*（テレビとか『ニュー
　　⎩ 　　ヨークタイムズ』の中での話）

Part I　下線部和訳

```
      ⎧ A:  an absence of bread on our tables
⟷ ⎨
      ⎩ ⟶ A: the presence of salt in our drinking water
```

②
```
   ⎧ A:  ❺an absence (of bread) on ～  ⟨⟵ (Bread) is absent on ～⟩
   ⎪         P′          S′       M′₂         S         P      M₂
   ⎨
   ⎩ ⟶ A′: ❺the presence (of salt) in ～ ⟨⟵ (Salt) is present in ～⟩
              P′          S′       M′₂        S         P      M₂
```

　"an absence of bread on ～" を、単に「～の上のパンの欠乏」としたり、"the presence of salt in ～" を「～の中の塩の存在」とするだけでは自然な日本語とは言えない。見落としていけないのは、これが、an absence、the presence という名詞の背後に文が潜在する*名詞構文*であるという点である。すると、上記のように、of bread が意味上の主語 S′ で、an absence は意味上の述語 P′ であり、また、of salt が意味上の主語 S′ で、the presence が意味上の述語 P′ であることが判明する。したがって、**A** は「**パンが～の上にないこと**」であり、**A′** は「**塩分が～に入っていること**」と読解すると自然な日本語になる。文が圧縮された名詞構文に着目すること。英語は名詞中心の言語である。

③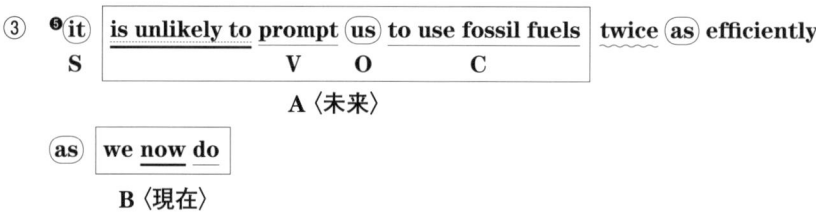

　まず、the greenhouse effect を受けた it で始まる文も無生物主語構文であり、"prompt O to ..." は「～を駆り立てて…させる、～に…するように促す」という意味であるから、"it ... prompt us to ～" は「そのために、我々が駆り立てられて～する」／「そのために、我々は～する気になる」となる。

　さらに重要なのは、"twice as ～ as ～"（～の2倍～）の*比較の対象 A と B は何かという点である。それは、as 以下の now に着目することによって、「時」の比較だということが類推できるから、時の unlikely〈未来〉と now〈現在〉にスポットを当てれば、「未来」を表す A の文と「現在」を表す B の文が、比較の対象物だと判明する。それを和訳に反映させることが肝心である。

したがって、③は「そのために、我々が将来、現在の2倍も効果的に化石燃料を使う気になることはおそらくないであろう」となる。

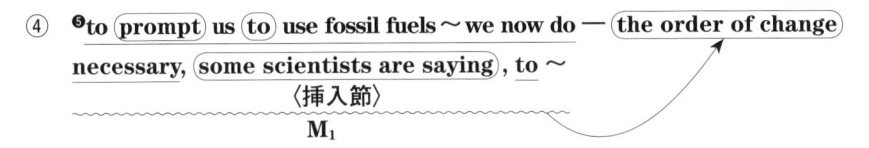

④　❺to ⟨prompt⟩ us ⟨to⟩ use fossil fuels ～ we now do — ⟨the order of change⟩
　　necessary, ⟨some scientists are saying⟩, to ～
　　　　　　　　　　〈挿入節〉
　　　　　　　　　　　M₁

　ダッシュ（—）は原則的に同格を表すことに注目すれば、その対象が"to prompt us to use ～"と"the order of change M₁"であることがわかる。"to prompt us fossil fuels ～ efficiently"が「～効果的に化石燃料を使うよう我々に促すこと」の意味であることを踏まえれば、"the order of change necessary to mitigate gobal warming"が「地球温暖化を緩和するのに必要な変化の道理（理法）」の意味になることが類推できよう。

　また、necessary, ～, to ～ は形容詞が※**修飾語句**を伴い後置されて前の名詞を修飾している形容詞句である。さらに、necessary 以下の some scientists are saying は前後にコンマ（,）があることにより、挿入節だということが判明するから、④のダッシュ（—）以下は「これは**一部の科学者の言うところによると、地球温暖化を緩和するのに必要な変化の道理であるそうだ**」となる。

⑤　第3文から第5文までをマクロの視点から見ると、第3文で著者の主張を提示し〈文頭のBut に注目〉、第4文と第5文でその具体例を挙げていることから、以下の表現リレーに気がつくはずである。

❸see environmental problems as either remote from where we live or remote in future time 〈**B**〉
（環境問題が自分たちの住んでいる所からは遠く離れたことか遠い未来のことか、どちらかと考える）
⟹　❹If ～, acid rain is an abstraction 〈**B**〉
（もし～ならば、酸性雨は非現実的なものである）
⟹　❺As long as the greenhouse effect is a story on television or in the *New York Times*, and not A or A′, it is unlikely to ～ 〈**B**〉
（温室効果がテレビや『ニューヨークタイムズ』の中での話であって、AでもA′でもなければ、そのために、～する可能性は少ない）

つまり、第3文＝第4文＝第5文より、下線部(2)のポイントで挙げた①、②、③の内容がますます明瞭になるはずだ。

以上の5点より、下線部(2)の日本語訳は次の通りである。

―― 下線部(2)の日本語訳 ――
　温室効果が、テレビや『ニューヨークタイムズ』の中での話であって、食卓からパンがなくなったりとか、飲料水に塩分が入っていたりすることでない限り、そのために我々が、将来、現在の2倍も効果的に化石燃料を使う気になる――これは、一部の科学者の言うところによると、地球温暖化を緩和するのに必要な変化の道理であるそうだ――ことはおそらくないであろう。

構文解説

1 無生物主語

⇒ 日本語では人間などの生物を主語とするところで、英語では無生物を主語とする構文を使うことがよくあり、直訳すると不自然な日本語になってしまうことが多い。この場合、無生物の名詞の背景には副詞節(句)が潜在している、つまり、副詞節(句)が名詞化されていることを考えた上で、下記のように変換して読解する。

$$\boxed{\text{無生物主語}} + \underline{\text{他動詞}} + \boxed{\text{目的語}}$$
$$\langle \substack{\text{名詞の背景に } M_2 \text{ が} \\ \text{潜在} \to M_2 \text{ に還元}} \rangle \quad \langle \substack{\text{be p.p.} \\ \text{自動詞}} \rangle \quad \langle \to \text{主語} \rangle$$

⇓

a. 原因・理由の M_2（〜ので、〜のために）
b. 条件の M_2（もし〜すれば）
c. 時の M_2（〜とき、〜になると）
d. 譲歩の M_2（〜であっても）
e. 目的の M_2（〜するために）
f. 手段の M_2（〜によって）

（例文）　┌ (The bad weather) prevented (me) from attending the meeting.
　　　　│　（悪天候のために、私はその会に出席できなかった）
　　　　│ (A few minutes' walk) brought (him) to the park.
　　　　└　（数分歩くと、彼は公園に出た）

2 名詞構文

⟹ 「動詞」または「be＋形容詞」が名詞化されたスタイル。名詞の背後に文が潜在していることに着目する。

a. 「S＋自動詞」／「S＋be＋形容詞」の名詞化
　⟹ 名詞 (of 〜)／所有格 名詞（〜が…すること、〜が…であること）
　　　 P'　 S'　　　 S'　　P'
　〈of 〜／所有格が意味上の主語 S' で名詞が意味上の述語 P'〉

（例文）　I am hoping for (his) quick recovery.
　　　　　　　　　　　　　 S'　　　P'
　　　　　　　　　　　　〈← (He) will recover quickly〉
　　　　（彼が早く良くなるように願っています）

b. 「S＋他動詞＋目的語」の名詞化
　┌ 名詞 (of —)／所有格 名詞（〜を…すること）
　│　V'　 O'　　　 O'　　V'
　│　〈of —／所有格が意味上の目的語 O' で名詞には V が潜在するが、意味上の S' は示されない〉
⟶│
　│ 所有格 名詞 (of —)（〜が—を…すること）
　│　 S'　　 V'　 O'
　└　〈所有格が意味上の主語 S'、of —は意味上の目的語 O' で名詞には V が潜在〉

（例文）　┌ The exchange (of ideas and opinions) is important to us.
　　　　│　　　V'　　　　　　　O'　　　　　　　　　　P
　　　　│　　　　　　　　　S
　　　　│　〈← We exchange (ideas and opinions).〉
　　　　└　（思想や意見を交換するのは我々にとって重要である）

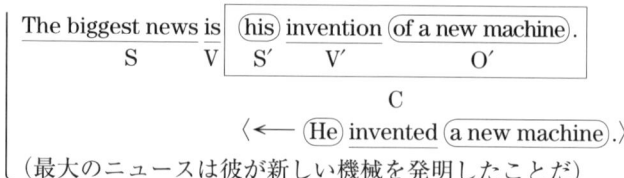

(最大のニュースは彼が新しい機械を発明したことだ)

3 比較構文 ⟹ 比較の対象物 A、B を明確化して解釈

(例文) My uncle is better (today) than he was (when I wrote to you last
                          A   **B**
week).

(先週お便りをしたときよりも、今日の方が叔父の病気の具合は良い)

注目 A、B は「時」を表す M_2 同士。A、B はスタイル上同じ種類。

4 (名詞) ＋ 形容詞＋副詞句など
       M_1

〈他の語句を伴った後置の形容詞句による名詞修飾〉

(例文) This is (a flavor) peculiar to an orange.
                         M_1

(これはオレンジに独特の風味である)

和訳問題 3

Translate the underlined parts into Japanese.

❶Language is a great force of socialization, probably the greatest that exists. ❷<u>By this is meant not merely the obvious fact that significant social intercourse is hardly possible without language but that the mere fact of a common speech serves as a peculiarly potent symbol of the social solidarity of those who speak the language.</u> ❸<u>The psychological significance of this goes far beyond the association of particular languages with nationalities, political entities, or smaller local groups.</u> ❹In between the recognized dialect or language as a whole and the individualized speech of a given individual lies a kind of linguistic unit which is not often discussed by the linguist but which is of the greatest importance to social psychology. ❺This is the subform of a language which is current among a group of people who are held together by ties of common interest. ❻Such a group may be a family, the undergraduates of a college, a labor union, the underworld in a large city, the members of a club, a group of four or five friends who hold together through life in spite of differences of professional interest, and untold thousands of other kinds of groups. ❼Each of these tends to develop peculiarities of speech which have the symbolic function of somehow distinguishing the group from the larger group into which its members might be too completely absorbed. ❽The complete absence of linguistic indices of such small groups is obscurely felt as a defect or sign of emotional poverty.

(自治医科大学)

(訳は別冊 p. 2)

下線部解説

◇下線部 (1)◇

① ❷**By this is meant** not merely **A** but **B**
　　　 M₂　　　V　　　　　　S

文頭の前置詞句は主語にはならず副詞でしか機能しないから、＊M₂＋V＋S の**倒置構文**であることに気がつくはずである。では、なぜ倒置という現象が起こっているのか。それは、この this が前文の内容を受け継いだ既知の事柄〈旧情報〉で、その説明展開として新たな事柄の S〈新情報〉を提示するために、このように語順が転倒しなくてはならないからある。

英語では、基本的に既知の事柄〈旧情報〉は文のトップに、はじめて提供する事柄〈新情報〉はその後で記述するというルールが存在するのである（詳細は後で解説）。

なお、この by は mean に付随するものであり、以下の過程から、① のスタイルが出現している。

　　人 mean Y by X（～が X というのは Y という意味である）
　　→　Y is meant by X〈受動態〉
　　→　By X is meant Y〈倒置文〉

また、主語のかたまりに not merely **A** but **B**（**A** ばかりでなく **B** も）のスタイ

ルが用いられている。not only **A** but〔also〕**B** では、only の代わりに alone、just、merely、simply が用いられることがある。

　したがって、①は「**私がこう言うのは、A ばかりでなく、B という意味でもある**」となる。

② ❷(the obvious fact)「that S＋P」

の***that** は同格の接続詞であり、the obvious fact が that 以下のかたまりの内容と等しいことを表している。したがって、②は「**～という明白な事実**」となる。

③ ❷S is (hardly) possible (without language)
　　（言語がないと、～はまずできない）
　　⇔ ❷the mere fact of (a common speech) serves as (～)
　　　（(共通の話し言葉がある)という事実だけで～として役に立つ）

　この2つの文を個別に考えるのではなく、連結語の but にスポットを当てることによって、上記のような読解が可能となろう。なぜならば、

⎰ without language（言葉がないと）
⎱ ⇔ common speech（共通の話し言葉があること）
　　　　　〈文潜在〉〈without と反対の with を意識する〉
⎰ ～ is hardly possible（～はまずできない）
⎱ ⇔ serve as ～（として役に立つ）

の対立関係がわかるし、

⎰ significant social intercourse（有意義な社会的交流）
⎱ ⟹ a peculiarly potent symbol of the social solidarity of ～
　　　（～が社会的に結束する特に強力な象徴）

の表現リレーが把握できるからである。

　また、the social solidarity (of ～) は名詞構文であるから、S is socially solid
　　　　　　　P′　　　　　　S′　　　　　　　　　　　　　　　P
として解釈する。そして、those who ～ は people who ～（～人々）の意味であることも確認しておこう。

④ **❸A goes far beyond B**（A は B をはるかにしのぐ、A は B よりはるかにまさる）

では、**A**: The psychological significance of this（このことが心理的に重要であること）の this が、前文の新情報の中心項目 that the mere fact ～ the language を受け継ぐ既知の事柄であるため冒頭部に置かれており、**A** は名詞構文〈← This is psychologically significant〉である。また、**B**: the association of ～ with ...（～を…と関連づけて考えること）も、同様に名詞構文〈← associate ～ with ...〉である。

（P′ は significance の下、S′ は of this の下。V′ は association の下、O′ は of ～ の下）

さらに、with 以下の nationalities〈**X**〉と political entities〈**Y**〉と smaller local groups〈**Z**〉の流れから、**X**、**Y**、**Z** のそれぞれが「団体」を表しており、**X** ＞ **Y** ＞ **Z** の関係、つまり、**X** が一番大きな団体、**Y** は次に大きな団体、**Z** は一番小さな団体であることが浮かび上がってくる。だから、**X** は「国籍」ではなくて「国家」、**Y** は「政治団体」〈entities が「団体」の意味〉、**Z** は「地域の小さな集団」と解釈できる。

以上の4点より、下線部 (1) の日本語訳は次の通りである。

下線部 (1) の日本語訳

　私がこう言うのは、言語がないと有意義な社会的交流はまずできないという明白な事実ばかりでなく、共通の話し言葉があるという事実だけで、その言語を話す人々が社会的に結束する、特に強力な象徴として役立つという意味でもある。このことが心理的に重要であるのは、特定の言語を国家とか政治団体、あるいは地域の小さな集団と結びつけて考えることをはるかにしのぐものである。

◇下線部 (2)◇

① **❼Each of these tends to develop peculiarities of speech which ～**

　these は何を指しているのだろうか。こういう場合によく見られるのは、この1文を和訳することで these を類推するか、あるいは、前後の文脈から考えるという曖昧なアプローチを試みることである。ところが、実は、情報の流れの展開からこの these は明瞭に指摘できるのである。ここで重要な寄り道をしてみよう。それは、先程の下線部 (1) の ① の解説で触れた情報の流れを考えて

みることだ。「情報の流れ」とは何なのか？

まず、旧情報と新情報の定義づけから出発する。

$$\begin{cases} \text{旧情報} \Longrightarrow \begin{cases} \text{その文以前に述べられた事柄〈既知の事柄〉} \\ \text{周知の事実・状況からわかる事柄・話の出だしになる事柄} \end{cases} \\ \text{新情報} \Longrightarrow \begin{cases} \text{書き手が読み手にはじめて伝える情報の核心} \\ \text{文の中で一番重要なもの} \end{cases} \end{cases}$$

英文では、情報の流れは基本的に「旧情報＋新情報」の順番で展開される（ただし、絶対というわけではない）。

そして、それ以降の展開の仕方は次の3つに区分けされる。

1. ジグザグ型

旧情報$_1$＋新情報$_1$
　　↓
　　旧情報$_2$＋新情報$_2$
　　　　↓
　　　　旧情報$_3$＋新情報$_3$
　　　　　　↓
　　　　　…

第1文で提起した新情報$_1$〈新$_1$と略す〉が第2文のトップで旧情報$_2$〈旧$_2$と略す〉として受け継がれ、さらに第2文で提起した新$_2$が第3文のトップで旧$_3$として受け継がれていく。これをジグザグ型の情報展開という。

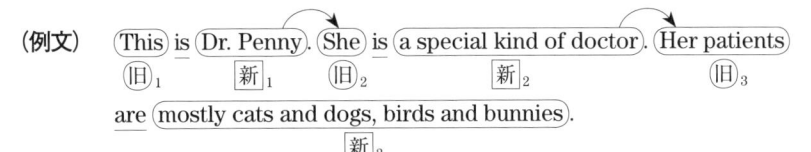

（例文）This is Dr. Penny. She is a special kind of doctor. Her patients
　　　　旧$_1$　　　新$_1$　　　旧$_2$　　　新$_2$　　　　　　　　旧$_3$
are mostly cats and dogs, birds and bunnies.
　　　新$_3$

（この方はドクター・ペニーです。彼女は特種なお医者さんです。彼女の患者さんはだいたいが猫と犬、小鳥と小兎です）

⟹ 第1文で提起した新$_1$のDr. Pennyが第2文のトップで旧$_2$のSheに受け継がれ、さらに、第2文で提起した新$_2$のa special kind of doctorが第3文のトップで旧$_3$のHer patientsに受け継がれている。

2. 平行型

　　　　　旧情報₁ ＋ 新情報₁
→　　　旧情報₁ ＋ 新情報₂
→　　　旧情報₁ ＋ 新情報₃
→　　　………………………

　第1文の旧₁＋新₁が第2文ではトップの旧情報は第1文と同じ旧₁を置いて新₂を提起し、また、第3文でもトップの旧情報は第1文と同じ旧₁を置いて新₃を提起していく。これを平行型の情報展開という。

（例文）
Older people often fear change. They know what they can do
　旧₁　　　　　新₁　　　　　旧₁　　　　　　　新₂
best. They like to repeat their successes.
　　　旧₁　　　　　　新₃

（年輩者は変化を恐れる場合が多い。彼らは自分が何を一番よくできるか知っている。彼らは自分の成功したことを繰り返したがるのである）

⟹ 第1文の旧₁の Older people が第2文でトップの旧₁の They に受け継がれ、また、第3文でもトップの旧₁ They に受け継がれている。

3. 混合型の1例

旧情報₁ ＋ 新情報₁
　　　　　↓
　　　旧情報₂ ＋ 新情報₂
→　　旧情報₂ ＋ 新情報₃
　　　………
　　　　↓

　第1文で提起した新₁が第2文のトップで旧₂として受けつがれて新₂が提起される〈第1文と第2文はジグザグ型〉。第3文ではトップの旧情報は第2文と同じ旧₂を置いて新₃が提起されている〈第2文と第3文は平行型〉。これを混合型の情報展開という〈これは混合型の情報展開の一例で、幾種類も存在する〉。

（例文） The first of the antibiotics was discovered by Sir Alexander Flemming in 1928. He devoted himself exclusively to investigating a certain species of germ at the time. He was able to do this with the help of his wife.

（最初の抗生物質を発見したのはアレクサンダー・フレミング卿でそれは 1928 年のことだった。彼は当時もっぱらある細菌を調べることに専念していた。彼がそれに専念できたのは妻の援助のおかげであった）

⟹ 第 1 文で提起した 新₁ の Sir Alexander Flemming が第 2 文のトップで 旧₂ の He に受け継がれている。さらに、第 3 文ではトップの 旧₂ の He は第 2 文 旧₂ の He から、was able to do this は第 2 文の 新₂ の devoted himself exclusively to investigating a certain species of germ at the time から受け継がれている。

（※ 1〜3 の例文は上田明子著『英語の発想』（岩波書店）より引用）

　それでは以上のことに鑑みて、この本文の情報の流れを最初からたどってみることにしよう。

Part I 下線部和訳

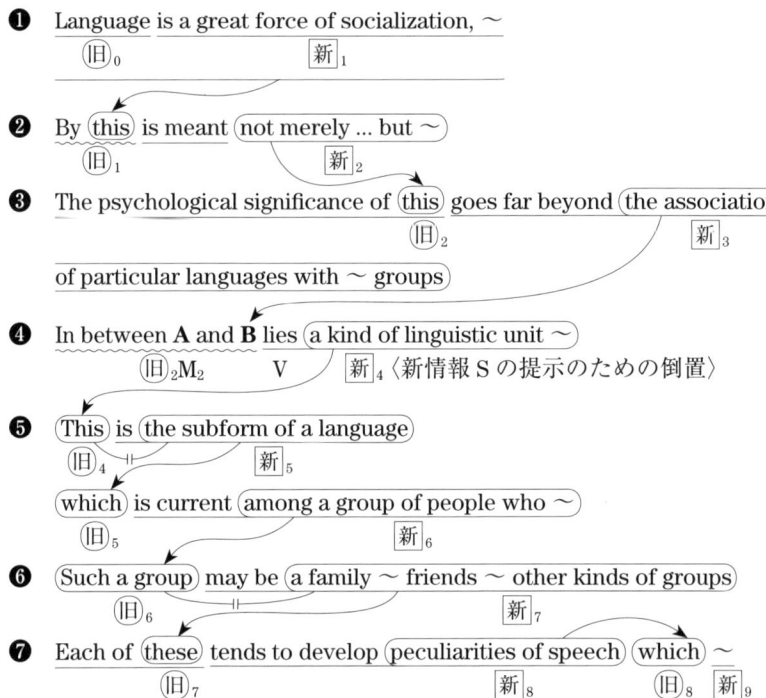

以上のように第1文から第7文までジグザグ型の情報の流れの展開になっていることから、第7文の旧情報 these が、上記のように第6文の新情報 a family 〜 other kinds of groups を受け継ぐことが判明する。そして、第7文では 新₈ の peculiarities of speech を受け継ぐ 旧₈ が which であるから、この関係代名詞 which も読み下して読解する※〈分断解釈〉のが自然であることも証明される。

したがって、① は「こういった**集団はそれぞれが言語的特性を育む**傾向があり、その特性が〜ものである」となる。

② 名詞 (which) have the symbolic function (of) somehow distinguishing
   ‖
   and they〈分断解釈〉   〈同格〉   A from B

（〜であり、その特性が、何らかの方法で A と B を区別する象徴的な機能を果たすものである）

第一に、この※**of** は同格を表している点に着目する。
第二に、distinguish の使い方は次の通り。

$$\begin{cases} \text{distinguish} \\ \text{discriminate} \\ \text{discern} \\ \text{know} \\ \text{tell} \end{cases} \text{A from B}$$

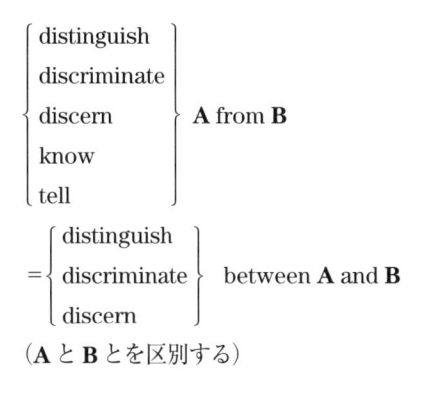

$$= \begin{cases} \text{distinguish} \\ \text{discriminate} \\ \text{discern} \end{cases} \text{between A and B}$$

（**A**と**B**とを区別する）

第三に、

A: (Each) of these → (the group)（当該団体）

⇔ **B**: (the larger group) into which its members might be too completely absorbed.
　　　　　　　　　　　　　　 A

（その構成員がことによったらあまりにも完全に吸収されてしまいかねないより大きな団体）を対比して考えることである。構文上注意すべき点は※「**前置詞＋関係代名詞**」で、この場合の into は be absorbed into ～（～に吸収合併される）の成句の into であることを踏まえて和訳に反映させること。また、might は may の婉曲表現で「ひょっとしたら～かもしれない」の意味。

③　❽The complete absence of linguistic indices of such small groups is obscurely felt as ～

「linguistic indices の意味は？」「such small groups とは？」を考える際にも、①で考察した情報の流れに再度目を向けてみよう。

　　❼Each of these tends to develop (peculiarities of speech)
　　⇔　❽The complete absence of (linguistic indices) of such small groups
　　　　　　　　　　　　　　　　　〈旧〉₉
　　　　is felt (as ～)
　　　　　〈新〉₁₀

　上記のような第7文と第8文の対立関係により、また、"Each of these tends to develop peculiarities of speech" が旧情報の主部 "The complete absence of linguistic indices of such small groups" に情報展開されていることに注目すれ

ば、

$$\begin{cases} \text{peculiarities of speech} \implies \text{linguistic indices（言語的特性）} \\ \text{Each of these} \implies \text{such small groups} \end{cases}$$

の表現リレーが判明する。つまり、indices〈index（指標、表示するもの）の複数形〉は peculiaritics（特性）の意味であることが類推されるし、such small groups は Each of these を受け継ぐから、a family 〜 a group of four or five friends の意味であることがわかる。

また、〜 tends to develop ...　（〜は…を育む傾向がある）
　　　S　　V　　　　O

⇔ The complete absence of ... of 〜　（〜に…がまったく欠如していること）
　　　　　V'　　　　　　O'　　S'
　　　〈名詞構文〉

の逆接関係から、The complete absence of ... of 〜 は "〜 are completely absent from ..." という文が圧縮した名詞構文であることが判明する。

さらに、is obscurely felt as 〜 は※第5文型の受動態であるから、「〜であるとそれとなく考えられてしまう」の意味である。
　　　　M₂　　　V　C

したがって、③ は「**家族とか友人仲間といったこのような小さな集団に言語的特性がまったく欠如しているのは、〜であるとそれとなく考えられてしまう**」となる。

④　❽a defect or sign of emotional poverty

of emotional poverty は、a defect と a sign 両方を修飾する※**共通構文**であるから、④ は、a defect of emotional poverty or a sign of emotional poverty と考えて「**感情的貧困という欠陥であるか、あるいは、その徴候**」の意味になる。

以上の4点より下線部 (2) の日本語訳は次の通りである。

下線部 (2) の日本語訳

こういった集団はそれぞれが言語的特性を育む傾向があり、この特性が、当該団体と、その構成員がことによったらあまりにも完全に吸収されてしまいかねないより大きな団体とを何らかの形で区別するという象徴的な機能を果たすものである。家族とか友人仲間といったこのような小

さな集団に言語的特性がまったく欠如しているのは、感情的貧困という欠陥であるか、あるいはその徴候であるとそれとなく考えられてしまう。

Part I 下線部和訳

❋❋❋❋❋❋❋❋❋ 構文解説 ❋❋❋❋❋❋❋❋❋

1「方向・場所の副詞語句＋V＋Ⓢ」の倒置文
　　　　　M₂

⇒ 情報の流れにより、旧情報の M₂ が文頭に置かれ、新情報の S を提示するために後置したスタイル。基本的に後続の文では新情報の S の説明が展開される。

注目　本文のように、方向・場所以外の副詞語句でも、前文を受けつぐ M₂〈By this〉は旧情報であるから文頭に置かれて、新情報の S〈the obvious fact that ～〉を後置するといった、情報の流れによる倒置構文となる。

（例文）　Under the tree was sitting an old man.
　　　　　　　M₂〈旧〉　　　　V　　　S〈新〉
　　　　（その木の下に、一人の老人が座っていた）
　　　　⇒ 後続の文では、"an old man" の説明の展開が予想される。

2 特定の名詞「that S＋P」（～という…）

⇒ that は先行する名詞と同格を表す接続詞

（例文）　I got the news「that my special friend had died.」
　　　　（私は大の親友が死んだという知らせを受け取った）

注目　同格の that 節をとる名詞は決まっている。
　　　　⇒ assumption/belief/fact/hope/knowledge/thought など

3 関係代名詞の分断解釈

⇒ 関係代名詞の前で切って、読み下すとき、「接続詞＋代名詞」に還元する。

…〔,〕関係代名詞 ～

a.　…, and/but/so/for＋代名詞～

b. ..., as/if/when/though＋代名詞〜

（例文）**a.** I talked to a friend, (who) helped me at once.
　　　　　　　　　　　　　　　　＝
　　　　　　　　　　　　　　(and he)
　　　　（友人に相談したら、すぐ力になってくれた）

　　　　b. The next train, (which) should arrive at 5:00, is late.
　　　　　　　　　　　　　　＝
　　　　　　　　　　　(though it)
　　　　（次の列車は、5時に着くはずなのに、遅れている）

注目　関係代名詞の前にコンマがなくても、文脈により分断解釈すべきことがある。

We often wait for an expected call (that) doesn't come.
　　　　　　　　　　　　　　　　　　　　　＝
　　　　　　　　　　　　　　　　　　　　but it
（あてにした電話を待っているのに、かかってこないことがよくある）

4　名詞 (of) 名詞／〜ing（〜という…）　⇒　**of が同格を表す**

（例文）Japan makes the impression (of) being a land of both young and old.
　　　　（日本は若者と老人との国であるという印象を与えている）

5　名詞＋(前置詞＋関係代名詞)〜
〈関係代名詞が前置詞の目的語で限定用法のときの読解〉
　⇒　**前置詞を関係代名詞節内に戻して考える**

　　a. 前置詞は訳出不要
　　　The man about whom you are talking is my father.
　　　（あなたが今話題にしている人は私の父です）
　　　※ talk about 〜（〜のことを話す、〜のことが話題になる）

　　b. 前置詞が関係代名詞節内で慣用句の一部を成している場合にはその慣用句を訳出

I would like to know the facts on which his arguments are based.
（彼の議論の根拠となっている事実を知りたいものです）
※ be based on ～（～に基づいている、～に基礎を置いている）

c. 前置詞の意味を文意に活かして訳出
He went into the building opposite which there was a post office.
（彼は郵便局の向かいにある建物の中に入って行った）

6 第5文型の受動態

⇒ S＋V＋O＋C ⇒ S＋be p.p.＋[as 名詞／形容詞／...ing／p.p.／to...]
　　　　　　　　　　　　　　　　　　　　　C

〈目的語が既知の事柄の旧情報であるために冒頭部主語に移動して受動態が形成される〉

（例文） He was seen to enter the house.
　　　　　S　　V　　　　C
（彼が家へ入って行くのが目に入った）

7 共通構文

a. （A＋B）X＝AX＋BX

It is and will be necessary.
　　V　　　V　　C〈共通補語〉

（それは現在も必要であり、これからも必要であろう）

b. X（A＋B）＝XA＋XB

Democracy is the government of the people, by the people and for
　　　　　　　　　　　　　　　　　　　　　　M₁　　　　　　M₁
the people.
　M₁

（民主主義は人民の、人民による、人民のための政治である）

和訳問題 4

次の英文を読んで、下線部 (1)、(2) を日本語に訳しなさい。

❶History begins when men begin to think of the passage of time in terms not of natural processes — the cycle of the seasons, the human life-span — but of a series of specific events in which men are consciously involved and which they can consciously influence. ❷History, says a famous historian, is 'the break with nature caused by the awakening of consciousness.' ❸History is the long struggle of man, by the exercise of his reason, to understand his environment and to act upon it. ❹But the modern period has broadened the struggle in a revolutionary way. ❺Man now seeks to understand, and to act on, not only his environment but himself; and this has added, so to speak, a new dimension to reason, and a new dimension to history. ❻The present age is the most historically-minded of all ages. ❼Modern man is to an unprecedented degree self-conscious and therefore conscious of history. ❽He peers eagerly back into the twilight out of which he has come, in the hope that its faint beams will illuminate the obscurity into which he is going; and, conversely, his hopes and anxieties about the path that lies ahead quicken his insight into what lies behind. ❾Past, present, and future are linked together in the endless chain of history.

（大阪大学）

（訳は別冊 p. 3）

下線部解説

◇下線部 (1)◇

① ❶<u>History</u> <u>begins</u> <u>when ～</u>（歴史が始まるのは、～ときである）
　　　　S　　　V　　　M₂

　S＋V＋M₂／S＋V＋O のスタイルで、M₂、O のかたまりが長いときの和訳の仕方は、「S が V するのは M₂ である」「S が V するのは O である」とした方がわかりやすい。これが、情報の流れに沿った（この場合 when 以下が新情報）直読直解である。

② ❶<u>men</u> <u>begin to think</u> <u>of the passage of time</u> <u>in terms not of</u> Ⓐ — Ⓐ′ —
　　　 S　　　　V　　　　　　O　　　　　　　　M₂
　<u>but of</u> Ⓑ

　not A but B（A ではなくて B）が構文上、同じはたらきをする要素を接続することに着目すれば、「**人間が時間の経過を A、つまり A′ という観点からではなくて B という観点から考え始める**」となる。

　なお、A "natural prosessees" は「**自然の推移**」、A の言い換え上の〈ダッシュ（—）は同格を表す〉A′ の "the cycle of the seasons, the human life-span" は「**季節の循環や人間の寿命**」、B の "a series of specific events in which ～ and which ..." は and が関係代名詞節 in which ～ と which... を接続して、並列限定であることから、「～であり…である一連の明確な出来事」の意味となることがわかる。

③ ❶men ⓐre consciously involved in

　後続の they can consciously influence（人間が意識的に影響を及ぼすことができる）の influence（影響を及ぼす）との同種の並列関係により、are involved in ～ が「～に没頭する」の意味ではなくて、「～に巻き込まれる」「～に関わ

る」の意味であることが類推できるから、③の men are consciously involved in は、「人間が意識的に関わる」となる。

④ ❷History, says a famous historian, is 'the break with nature caused by the awakening of consciousness.'
　　S　　　挿入節　　　　　V　　　　C〈A〉　　　　　M₁
　　〈B〉

第2文が、権威者である有名な歴史家からの引用によって、第1文を言い換えた文であることに気がついただろうか。権威者の発言の引用は書き手の主張の補強である場合が多い。

つまり、

❶in terms not of natural processes 〈自然の推移を否定〉
⟹ ❷the break with nature

の表現リレーから、**the break with** が否定内容の表現であることがわかる。したがって、**the break with nature** は、「自然との断絶」「自然との決別」と読解することが可能となる。

構文上の注意点は2点。

1つは、**say a famous historian** は※挿入節、つまり、④は "History is '〜'." says a famous historian. に置き換えられる。

もう1つは、名詞 caused by 〜 は、後置の過去分詞句が前の名詞を修飾しているから、「〜によって生じる…」という意味になる。
　　　　　　　M₁

したがって、④は「**歴史とは、ある有名な歴史家の言うところによれば、『意識の目ざめによって生じる自然との断絶』である**」となる。

以上の4点より、下線部（1）の日本語訳は次の通りである。

── 下線部（1）の日本語訳 ──
　歴史が始まるのは、人間が時間の経過を自然の推移、つまり季節の循環や人間の寿命という観点からではなくて、人間が意識的に関わり、意識的に影響を及ぼすことのできる一連の明確な出来事という観点から考え始めるときである。歴史とは、ある有名な歴史家の言うところによれば、「意識の目ざめによって生じる自然との断絶」であるのだ。

Part I 下線部和訳

◇下線部 (2)◇

① ❼<u>Modern man</u> is conscious of <u>history</u>（現代人は歴史を意識している）
　　⇒ ❽<u>He</u> peers eagerly back into <u>A</u>, in the hope that <u>A will illuminate B</u>

下線部 (1) の ④ と同じく、第 8 文も第 7 文の言い換えであることに着目する。そうすれば、

$$\begin{cases} \text{❼Modern man} \implies \text{❽He（現代人）} \\ \text{❼is conscious of} \implies \begin{cases} \text{❽peers eagerly back into} \\ \text{（振り返って～を熱心にのぞきこむ）} \\ \text{❽in the hope that S will ～} \\ \text{（～すればと希望して）} \end{cases} \\ \text{history} \implies \text{A〈過去〉 + B〈未来〉〈時の概念〉} \end{cases}$$

以上の表現リレーがつかめるはずだ。

構文上の注目点は、in the hope that ～（～ということを希望して）の副詞句が、主文との関係から理由を述べていることである。前置詞句の副詞句は主文と「付帯」か「理由」か「時」か「条件」か「譲歩」の関係になるということに着目する。

したがって、① は「現代人は振り返って A の中を熱心にのぞきこむが、それは A が B を照らしてくれればと望むからである」となる。

② ❽A will illuminate B（A は B を照らすだろう）
　　⇔ ❾<u>his hopes and anxieties about B' quicken his insight into A'</u>
　　（B' についての希望や不安は A' への洞察を鋭くする）

conversely（逆に、反対に）は逆接を表す副詞だから、上記の逆接関係が理解できよう。

③ ① と ② の A、B の内容は以下のようになる。

$$\begin{cases} \textbf{A:} \text{ <u>the twilight</u> out of which he has come} \\ \quad \text{（自分が出てきた所にある薄明り）（自分の過去にある薄明り）} \\ \quad \implies \text{<u>what</u> lies behind（背後にある道）〈表現リレー〉} \end{cases}$$

36

> **B**: the obscurity into which he is going
> （自分がこれから入っていこうとする闇（薄暗さ））
> （自分の向かう未来にある闇（薄暗さ））
> ⟹ (the path that) lies ahead（前方にある道）（前途）〈**表現リレー**〉

　さらに第9文で **A** は Past に、**B** は future に表現リレーしていることによって、歴史の説明である **A** が「過去」、**B** が「未来」を表していることが確認できると、この箇所の読解が上記のようになることがますます明瞭になるはずだ。

　さて、構文上、重要な点は3つある。

　まず、has come out of ～（～から出てきた）の out of が関係代名詞 which の前に置かれたスタイルでは、out of の意味を文意に反映させる点である。

　次に、is going into ～ の現在進行形は近接未来を表しているから、「これから～に入って行こうとする」となる点である。

　さらに、(what) lies behind ⟹ (the path that) lies ahead の流れからこの場合の関係代名詞 what の先行詞は、the path と考えられる点である。※**先行詞を含んだ関係代名詞の"what"は、"具体的名詞＋which"と読解する場合がある。**

　A の流れとして、(the twilight ～) ⟹ (its) faint beams（その薄明りが発するかすかな光）にも注目しておこう。以下の対立関係も確認しておきたい。

〔**A**〈過去〉⟹ **B**〈未来〉〕 conversely 〔**B**〈未来〉⟹ **A**〈過去〉〕

twilight（薄明り）	⟺	obscurity（闇・薄暗さ）
has come out of ～	⟺	is going into ～
（～から出てきた）		（これから～に入っていこうとする）
lies behind（背後にある）	⟺	lies ahead（前方にある）
〈**A**〉		〈**B**〉

　以上の3点により、下線部 (2) の日本語訳は次の通りである。

── 下線部 (2) の日本語訳 ──

　現代人は振り返って、自分が出てきた所から発する薄明りの中を熱心にのぞきこむが、それは、その薄明りが発するかすかな光が、これから入って行こうとする闇（薄暗さ）を照らしてくれればと望むからであるし、また一方、前方にある道についての希望や不安は、背後にある道への洞察を鋭くするのである。

構文解説

1 ～, (S think / S say), ... 〈挿入節〉
　⇒ (S think that / S say that) ～...

（例文）　He has, (I believe), money and to spare.
　　⇒ (I believe that) he has money and to spare.
　　　（彼は確か大金持ちのはずだ）

2 先行詞を含んだ関係代名詞の what のスタイルと意味

⇒ (what) + { V 〈S 欠如〉 / S+V／S+V+前置詞／S+V+O／S+V+C 〈O 欠如〉 / S+be 〈C 欠如〉 }

〈what 節全体は、文中の S か O か C の位置〉

a. the thing[s] which ～／that which ～　（～もの（こと））

(What) makes her happy is his gentle words.
　　　V　　O　　C　　　V　　　C
S

（彼女を幸せにしてあげるのは、彼のやさしい言葉だ）

b. anything that ～（～もの（こと）は何でも）／
as much as ～（～だけのもの（こと）はすべて）

He spends (what he earns) in a day.
S　　V　　　　S　　V　　　M₂
　　　　　　　　O

（彼はもうけるだけみな1日で使ってしまう）

和訳問題 5

次の英文 (A)、(B)、(C) を読んで、下線部を日本語に訳しなさい。

(A)　❶To his mother Rachel had always seemed the least probable of Gregory's girlfriends. ❷He was passive by nature, and left little trace of himself on the world. ❸Rachel was small and fierce. ❹She not only knew her own mind, she knew other people's as well, especially Gregory's. ❺<u>His mother had heard about the attraction of opposites, but still did not give the relationship long.</u>

(B)　❶I tried to visit my neighborhood zoo one afternoon but found it closed for renovations. ❷As I turned and headed back toward home, I was thinking only of the old black rhino*, wondering whether he'd be back when the zoo was reopened. ❸Judging from my numerous visits, <u>he was never a very big draw, being, I suppose, entirely too inactive to look at for long.</u> ❹And yet I found him the most attractive, the most challenging to draw near to for that.

　rhino：サイ

(C)　❶Even before France's Prime Minister, Edith Cresson, declared the Japanese relentless "economic animals" seeking to "dominate the world" with their workaholic habits, a half-

Part I　下線部和訳

hearted campaign began here to convince the country to relax. ❷To a younger generation that questions the merits of working 9-to-9 and then drinking with colleagues until the last train home, the new push for shorter hours and longer vacations is welcome. ❸<u>To many over 50 it is evidence that the tough stuff that made Japan a great competitor is lost.</u>

（東京大学）

（訳は別冊 p. 4）

下線部解説

◇(A) の下線部◇

the attraction of opposites と did not give the relationship long はどういう意味なのか？　和訳問題 *1*、*2*、*3* でアプローチを試みてきたことからも明らかなように、この文だけで考えていては読解は不可能だ。文関係、つまり第 1 文、第 2 文、第 3 文、第 4 文の流れから考察してみよう。

① ❶ [To his mother] Rachel [had always seemed] 形
　　〈母の視点〉　　S　　　　V　　　　　　C
　（グレゴリーの母からすると、レイチェルは～であるようにいつも思われていたのであった）

　⟹ ❺ [His mother] [had heard about] 名詞〈文圧縮〉 but still
　　　　〈母の視点〉　　　V　　　　　　　　　　　　　M₂
　　　　[did not give] (O) long
　　　　　V　　　　　　O

第 1 文のスタイル "To 人 S seem C"（～には S は～であるように思われる）
　　　　　　　　　　　　V
は、To 人 の 人 が視点でその 人 の考えを述べている点が重要であり、このことによって、この文章は、母の視点からの考えを記述したものであることがわかる。第 1 文が、母の視点からの息子グレゴリーとその女友だちレイチェルに

対しての考えであり、それに続く第2文+第3文+第4文は、この2人の説明文となっている。そして、第5文も、第1文から続く母の視点からの考えを述べた文であることに着目すれば、give はスタイルは違うが、think の意味で使われていることが類推できる。したがって、① は「**グレゴリーの母はそれまで～のことを聞いたことがあったが、それでも―が長く続くとは思わなかった**」と解釈できる。

また、本来は give の間接目的語の<u>名詞</u>は、背後に文が圧縮した名詞構文である（②の解説）ことも明らかになるため、give <u>O</u> <u>long</u> の long が名詞で使われ
　　　　　　　　　　　　　　　　　　　　　　O　　O
ており、したがって、第4文型であることに注目していただきたい。give + O + O〈時間〉(～に…を与える) のスタイルを確認しておこう。

さて、ここで、文法上の観点からみると、give <u>O</u> <u>long</u> は第4文型であり、long が名詞で使われているから、「長期間」「長い間」の意味であることが判明する。give O〈人〉O〈時〉のスタイルで「～に―の余裕を与える」という意味になることに注目すれば、give O〈人〉long の文字通りの意味は「～に長期間の余裕を与える」となることを確認しておこう。

②　❷He was passive by nature（彼は生来消極的であった）
　　⇔　❸Rachel was small and fierce
　　　　（レイチェルは小柄で気性が激しかった）
　　　　　　　　　⇩
❺the attraction of opposites
　　P′　　　〈主格〉　S′

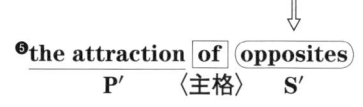

以上の表現リレーより、「反対の物（事）」の opposites がこの場合は「性格が反対の人」という意味で使われており、また、attraction が attract から派生していることに注目すれば、the attraction of opposites は文が圧縮した名詞構文であることから、**Opposites attract each other** と考えて、「**性格の反対のもの**
　　　　　　　　　　　　　　　　S　　　　　P
のが互いに惹かれ合うこと」と読解できる。

③　　　　　　　　　❷Gregory+❸Rachel
　　　　　　　　　　　　↓
❺the relationship〔between the two〕
　　　　　　　　　　〈省略〉

Part I　下線部和訳

the relationship between **A** and **B**（**A** と **B** との関係）というスタイルを思い浮かべることができれば、上記の省略を読みとり、「その両者の関係」と読解できる。
　この文章の全体を見渡すと以下のようになる。

❶〈母の考え〉
　→　❷〈グレゴリーのこと〉　↔　❸＋❹〈レイチェルのこと〉
　　　　　　　　　　　　〈説　明〉
　→　❺〈母の考え〉
　　　〈結　論〉

　この文章は物語の一節である。**物語文は、登場人物の気持ちや考え、発言を記述する主観描写と、事件の展開、人物や自然を説明する客観描写より成り立つ**。この場合は上記のように、母親の考えを記述する主観描写が第1文と第5文であり、第2文と第3文と第4文は、その息子グレゴリーと女友だちレイチェルの説明の客観描写となっている。
　下線部は母親の主観描写の文であることを再確認しておこう。

　以上の3点より、下線部（A）の日本語訳は次の通りである。

―― (A) の下線部の日本語訳 ――――――――
　グレゴリーの母は性格の反対のものが互いに惹かれ合うという話を聞いたことがあったが、それでもこの2人の関係が長く続くとは思わなかった。

◇(B) の下線部◇
　書き手であるI（私）の視点で書かれた主観描写〈平行型の情報展開〉の文が4つ続く。

① ❶ <u>I ... found</u> it closed for renovations.
　　　S　　V　　O　　C
　（私が行ってみると、動物園は改装のために閉園になっていた）
　❷ <u>I was thinking only of</u> the old black rhino , <u>wondering</u>
　　　S　　　V　　　　　　　　　O　　　　　　　　V〈分詞構文〉
　　whether he 'd be back when ～
　　　　　　O
　（私の頭に思い浮かんでいたのは、歳老いた黒いサイのことだけで、～のとき、あのサイが戻って来るだろうかと考えていた）

```
     ❸⎡Judging from my numerous visits⎤, ⎡he⎤ was ～
      ⟨← I ... visit my neighborhood zoo.⟩
      (私が何度もこの動物園に通ったことから判断すれば、そのサイは～だった)
     ❹⎡I found⎤ ⎡him⎤ C    (私にはあのサイが～であると思えるのだった)
        S    V   O
```

　Iの視点からの考えを表す表現、I ... found／I was thinking only of＋wondering／Judging from／I found に着目しながら、このように文のつながりを考えてくると、下線部の全体の中における位置づけが鮮明になる。he は the old black rhino を受けているから、「彼」という訳語は不適当で、「あのサイ」か「それ」と訳すべきである。

② 　❸⎡he⎤ was never ⎡a very big draw⎤
　　⇔　❹⎡I found⎤ ⎡him⎤ ⎡the most attractive, the most challenging⎤
　　　　　　S　　V　　O　　　　　　　C
　　　　⟨⎡He⎤ was ⎡the most attractive, the most challenging⎤⟩
　　　　　　S　　V　　　　　　　　　　C
　　　（そのサイは最も魅力的で、最も興味をそそった）

　第4文の文頭 And yet（しかし）という逆接の連結語によって、第3文と第4文が上記のように逆接関係を表していることが判明する。だから、a very big draw の意味は the most attractive（最も魅力的な）、the most challenging（最も興味をそそる）とほぼ等しいから、「非常に人を惹きつけるもの」／「大変な呼びもの」／「大変な人気者」などと類推できよう。draw は「呼び物」「魅力のある出し物」の意味。また、**否定文**中の very は※部分否定で、「あまり～ない」「たいして～ない」の意味。

　したがって、②は「そのサイは決して大の人気者というわけではなかった」となる。

③ 　❸⎡he⎤ P , ⎡be(ing), I suppose, 形容詞⎤ ⟹ ⟨文尾の分詞構文⟩
　　　S　～　　 V　　　　　　　　C

　being 以下は※**文尾**に置かれた分詞構文で、文意から考えて主文の理由を表しており、かつ、その意味上の主語は、主文の主語 he である。また、I suppose は前後にコンマ（ , ）があることから、挿入節だと気づかなくてはいけない。

　以上より、③は、～, for I suppose that he was ... と置き換えられる。

　したがって、③は「～。というのも、私が思うに、そのサイは…だからで

Part I 下線部和訳

あった」となる。

④　❸he was entirely too inactive to look at for long

"too 形／副 to —" では to — が「判断の基準」を表していて、判断の内容を表す too 〜 を修飾することから、「…という基準に照らして判断すれば〜しすぎ」が原義で、そこから、通常「あまりにも〜なので…できない」という訳出がなされる。この場合、原義に則って考えてみれば、「長い時間見るという基準に照らして判断すれば動きがなさすぎた」から、「長い時間見ているにはあまりにも動きがなさすぎた」という意味になる。

　以上の４点より、下線部 (B) の日本語訳は次の通りである。

――― (B) の下線部の日本語訳 ―――
　そのサイは決して大の人気者というわけではなかった。というのも、私が思うに、長い時間見ているにはあまりにも動きがなさすぎたからであった。

◇(C) の下線部◇

　下線部の説明にあたって前文からの関係を辿ると、以下の通り。

①　❶M₂, a half-hearted campaign began here「to convince the country to relax」
　　　　　　　　　　S　　　　　　　　　　P　〈同格〉
（日本では国民に骨休みするように説得する熱の入らない運動が始まっていた）

❷To a younger generation that V, the new push for shorter hours and longer vacations is welcome.
　M₂　　　　　　　　　　　　　　M₁　　　S　　　　　M₁　　　　　　　　P〈⊕の内容〉
（〜若い世代にとっては、労働時間を短縮し、休暇を増やそうというこの新たな運動は歓迎されている）

⇔ ❸To many [people] over 50 [years old] it is evidence
　　　M₂　　　　　　　　　　　　　　　　　　 S V　　C
　「that S＋P」
　〈⊖の内容〉
（50歳を超えた多くの人々にとって、この運動は〜という証拠である）

第 1 文の主文で新情報 "a half-hearted campaign" が提示され、第 2 文と第 3 文でその新情報を受け継いだ旧情報 "the new push" "it" でその説明が展開されている。だから、上記の流れが明らかになるはずだ。以下で細部にわたって検討してみよう。

⑴ To a younger generation ⇔ To many〔people〕over 50〔years old〕
この対立関係により、上記の省略が読みとれるから、To many over 50 は「50 歳すぎの多くの人々にとって」の意味。

ⅱ a half-hearted campaign ... to 〜
⇒ the new push for 〜
⇒ it is evidence that S + P

以上のように中心テーマが表現リレーされ、3 回目に it が登場するから、it は that 以下を指す形式主語ではなくて、前文の名詞 push(攻勢、キャンペーン)を受ける代名詞の it である。また that は evidence に続く同格の接続詞である。そして、it は直前の push の意味がわからなくても、その前の campaign から、「この運動」と読解できることが判明する。

なお、"It is 名詞 that S + P" の解釈が以下の 3 通りあることに注目すること。

 a. It が that 以下を指す予告の It(〜は―だ)
    It is a good idea that you study economics now.
    (あなたが今経済学を学ぶというのはいい考えだ)
 b. It が代名詞で that は同格の接続詞(それは〜という―だ)
    It is the proof that she made a mistake.
    (それが彼女が過ちを犯したという証拠だ)
 c. It が代名詞で that は関係副詞(それは〜―だ)
    It was the day that he left Tokyo for London.
    (それは彼がロンドンに向けて東京を発った日であった)

② A: ❶relax ⇒ ❷shorter hours and longer vacations
   ⇔ B: longer hours and shoter vacations
        ↓
   ❸the tough stuff that made Japan a great competitor is lost
   S   V   O   C   P
                        M₁

(日本を強大な競争力を持つ国にした不屈さが失われている)

Part I 下線部和訳

　若い世代にとってAがプラスでBはマイナスだが、古い世代にとってBがプラスでAはマイナスである。したがって、下線部は古い世代の視点から見た文であるから、the tough stuff はプラスの内容となり、「たくましさ」／「粘り強さ」／「根性」／「不屈さ」と類推できる。
　そして、that 以下はSが欠如したスタイルだから、*that は関係代名詞であり、また、made Japan a great competitor（日本を大きな競争力を持つ国にした）は
　　　　　 V　　O　　　　C
第5文型で、Japan＝a great competitor であるから、a great competitor は「強大な競争力を持つ国」の意味となることを確認しておこう。

　以上の2点より、(C) の下線部の日本語訳は次の通りである。

―― (C) の下線部の日本語訳 ――
50歳を超えた多くの人々から見れば、この運動は日本を強大な競争力を持つ国にした不屈さが失われているという証(あかし)であるのだ。

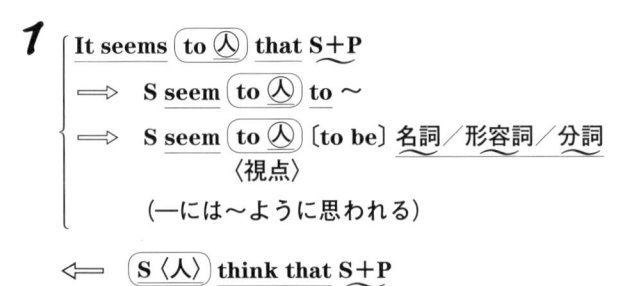

❄❄❄❄❄❄❄❄❄❄　構文解説　❄❄❄❄❄❄❄❄❄❄

1　　It seems (to 人) that S+P
　⇒　S seem (to 人) to ～
　⇒　S seem (to 人) 〔to be〕名詞／形容詞／分詞
　　　　　　　　〈視点〉
　　　（―には～ように思われる）

　⇐　S〈人〉 think that S+P

　（例文）　It seems (to me) that they know the truth.
　　　　　（彼らは真相を知っているように私には思われる）

2 部分否定
　a.　not＋all/every（すべて～というわけではない）
　b.　not＋both（両方とも～というわけではない）
　c.　not＋always/necessarily（必ずしも～というわけではない）

d. not＋altogether/absolutely/completely/entirely/fully/quite/wholly（まったく～というわけではない）

   e. not＋very（あまり～ない）

   f. not＋many/much（あまり～ない）

（例文）　This is not a (very) good piece of work.
　　　　（これはあまりよい作品ではない）

注目　否定語の not が be 動詞・助動詞の後にくる場合は、文修飾の副詞であるから、文否定で作用するという点が重要である。

　　He is (not) always happy. は (he is always happy.) と考えて、「彼がいつも幸福であるということはない」となり、結局部分否定ということになるが、not は文の外側に存在し、その作用域が文全体であるという視点があれば、あえて部分否定という言葉を用いる必要はない。

3 分詞構文の位置・姿・意味

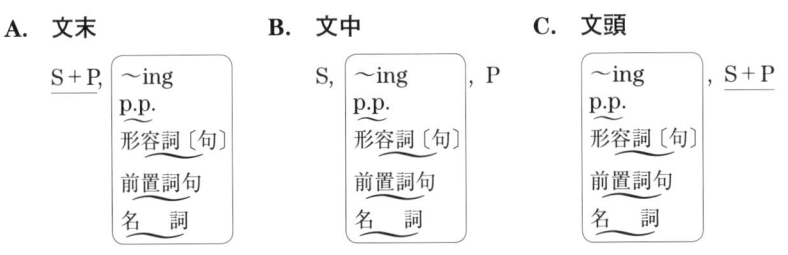

A．文末　　　　**B．文中**　　　　**C．文頭**

S＋P, 〔～ing／p.p.／形容詞〔句〕／前置詞句／名詞〕

S, 〔～ing／p.p.／形容詞〔句〕／前置詞句／名詞〕, P

〔～ing／p.p.／形容詞〔句〕／前置詞句／名詞〕, S＋P

（意味）　分詞構文は主節の補足説明であるから、意味は原則として**「付帯状況」**を表している。たとえば、人物画の人物が主節で、背景の樹木とか山が分詞構文だとすれば、人物とその背景との関係と同じく、主節と分詞構文との関係も漠然としている。もちろん、それ以外にも「原因・理由」「時」「条件」「譲歩」や等位接続詞に相当する意味になることもある。

（スタイル）　p.p.／形容詞〔句〕／前置詞句／名詞の分詞構文は直前に being が省略されている。

① 分詞構文の内容が先で主文の内容を後に考える。

　1. （～して、─）（～しながら、─）　〈**付帯状況**〉

2. (〜ので、—)　　　　　　　〈原因・理由　⟹　because/as〉
3. (〜すると、—)(〜するとき、—)　〈時　⟹　when/while〉
4. (もし〜ならば、—)　　　　　〈条件　⟹　if〉
5. (〜なのに、—)　　　　　　　〈譲歩　⟹　though〉

ⅱ　主文の内容が先で分詞構文の内容を後に考える。
1. (—して、〜)　　〈付帯状況〉
2. (—、しかし〜)　〈逆接　⟹　but〉
3. (—、だから〜)　〈結果　⟹　so〉
4. (—、というのも〜)〈理由　⟹　for〉

(例文)　A.　ⅰ　He went out of the room, slamming the door.
　　　　　　　　(彼はドアをバタンと閉めて、部屋から出て行った)
　　　　　　ⅱ　He wrote a letter, handing it to her.
　　　　　　　　(彼は手紙を書いて、彼女にそれを手渡した)
　　　　B.　Romeo, believing that Juliet was dead, decided to kill himself.
　　　　　　(ロミオは、ジュリエットが死んだものと思って、自殺を決意した)
　　　　C.　Seeing a policeman, he ran away.
　　　　　　(警官を見て、彼は逃げ出した)

4 分離構文

⟹　S〈名詞〉＋P＋M_1〈関係詞／同格の接続詞 that／前置詞句／to 〜〉

(例文)　The time will come soon when you will regret your words.
　　　　　S　　　　V　　　　　　　　　　　　　　　M_1
　　　　(あなたは自分の言った言葉を後悔する時がそのうちやってくるだろう)

5 名詞 that ＋ { V〈S 欠如〉 / S＋V／S＋V＋前置詞／S＋V＋O／S＋V＋C 〈O 欠如〉 / S＋be 〈C 欠如〉 }

⟹　that は関係代名詞

(例文)　The road that leads to the shore is sandy.
　　　　　S　　　　　　　　M_1　　　　P
　　　　(浜辺に通じている道は砂だらけだ)

和訳問題 6

次の英文を読んで、下線部 (1)、(2) を日本語に訳しなさい。

① ❶It was a dull and cloudy day when we arrived at the railway station outside Upper Harford and, in the diffuse grey light, they seemed older and more frail. ❷I took my grandmother's arm as we waited for the train that would bear me away to London. ❸<u>I may have imagined it, but I believe that I felt her body shaking slightly; it was only a faint tremor, but nevertheless it communicated itself to me, and made me more afraid for her than I had been since my arrival all those years before.</u> ❹Yet there was very little that could be said — very little to say — on this grey morning of my departure.

② ❶'Come back soon,' she called out as eventually I boarded the train. ❷'We'll miss you.'

③ ❶'I won't be long,' I said. ❷It was as if I were leaving for a morning or for an hour; but in truth the interval would be much greater than that.

④ ❶I believe my grandfather suspected as much, because he came up to me as I leaned out of the window and put his hand against my cheek. ❷'Remember,' he said. ❸'Be true to yourself. ❹And then you will be true to others.'

5　❶I watched them standing quietly together as the train pulled out of the station; the steam gathered all around them in clouds but, when it cleared for a moment, they were still gazing after me intently. ❷I waved, and then they were gone.

6　❶I had not been in London since I had left with my father and grandfather; it had become unfamiliar, almost threatening, and as the train made its way through the suburbs to Paddington Station, I could feel the tension rising within me. ❷It was as if I were pushing my way, physically, through a crowd which might overwhelm me. ❸<u>I do not recall experiencing anything of this kind before — this sensation of millions of lives surrounding my own — but, when I last lived in the city, perhaps I possessed no real awareness of my own self.</u> ❹<u>Now everything had changed, and it was with a newly awakened self-consciousness that I walked from the platform into the main concourse of the station.</u>

(京都大学)

❦❦❦❦ 下線部解説 ❦❦❦❦

本文は、駅での書き手と祖父母の別れの場面が描かれている。

　天候は a dull and cloudy day（どんよりとした曇りの日）で、祖父母は older and more frail（より年老いて弱々しい）というマイナスイメージの描写でこの文章は始まる。

◇下線部（1）◇

① ❸I may have imagined it, but I believe that I felt 〜
　　　　〈A〉　　　　　　　　　　　　〈B〉

接続詞の but から、〈A〉⟷〈B〉の逆接関係に着目する。

may have p.p.（〜したかもしれない）が現時点における過去への推量を表すことから、〈A〉の現時点における過去への想像上の推量と、〈B〉の現時点における過去への確信との対比が浮かび上がる。ここで注目すべきは、対照的な表現の仕方から、英文和訳の際に、そこから生じる意味を付け加えて解釈するということである。

たとえば、以下の通り。

　　（例）He looks younger than he is.（彼は外見が実際よりも若く見える）
　　　　　〈外見〉　　　　　　〈実際〉

この場合は、may have imagined ⟷ believe that I felt より、現時点における過去への想像上の推量と確信の対比であることが判明するから、それを訳出に反映させる。また、it は後続の her body shaking slightly を指している。

したがって、① は「今からすればそういう気がしただけなのかもしれないが、たしかに〜を感じたと今でも思っている」となる。

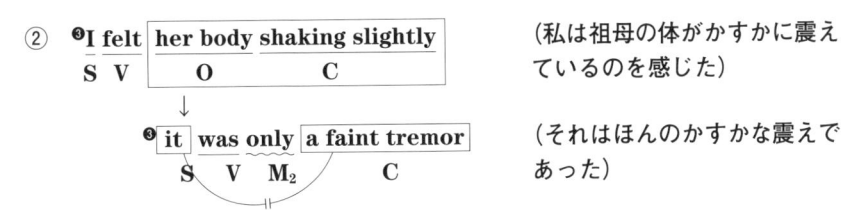

② ❸I felt　her body shaking slightly　　　（私は祖母の体がかすかに震え
　　S V　　O　　　　　　C　　　　　　　　ているのを感じた）
　　　　　　　↓
　　❸it was only a faint tremor　　　　　　（それはほんのかすかな震えで
　　　S　V　M₂　　　C　　　　　　　　　　あった）

feel＋O＋C の第5文型で、O は C であるというネクサス関係の確認が出発点。

セミコロン (;) は言い換えを表すから、上記の表現リレー〈新情報 "her body shaking slightly" が旧情報 "it" へ展開されるジグザグ型の情報展開〉より、shaking (震える) ⇒ tremor、faint ⇒ slightly (かすかに) の移行が判明し、a faint tremor の意味が「かすかな震え」と判定できる。

③　❸I felt her body shaking slightly ⇒ ❸it communicated itself to me
　　　　　　　　O　　　　　　　　　　　　S　　　　P　　〈表現リレー〉
　　　　　　　　　　　　　　　　　　　　　（その震えが私に伝わった）

　communicated itself は再帰用法で「伝わる」の意味だが、これが felt ～を言い換えた表現であることに着目すれば、「その震えが私に感じられた」の意味に近いことがわかるはずだ。②と同じく、it は新情報 her body shaking slightly を受け継いだ旧情報である。

　なお、再帰用法には、

$$\begin{cases} 他動詞 + oneself & \longrightarrow\ 自動詞 \\ 他動詞 + oneself + 前置詞 & \longrightarrow\ 他動詞 \end{cases}$$

の 2 つがある。

　※ $\begin{cases} \text{hide oneself（姿を隠す、隠れる）} \\ \text{absent oneself from ～（～を欠席する）} \end{cases}$

④　❸ it ... made me more afraid for her
　　　〈S→M₂〉 V 〈O→S〉　　　C
　　　　　　　　時のA
　　than I had been〔afraid for her〕since ～
　　　　　　時のB

　比較の対象は 時のA（駅でのこと〈過去が視点〉）と 時のB（駅へ来るまでのそれ以前のこと〈過去完了が視点〉）に着目すれば、上記のように than 以下の省略も読み取れるはずだ。A＞B の関係。

　また、it〈her body shaking slightly〉は文が潜在している無生物主語であることを踏まえて、原因の副詞に、結果を表す述部の O である me を S に還元して考えてみると、④は「そのために私は祖母のことが心配になったが、そのときの気持ちは～以来ずっと心配していた気持ちより強いものであった」となる。

⑤ ❸I had been [afraid for her] ⟨since (my) arrival⟩ all those years before
                                        S'   P'

B: ❸since (my arrival) ⟨← since I arrived at my grandmother's⟩
    〈文潜在〉   (祖母のもとに来てから)
⇔ A: ❹this grey morning of (my departure)
         (私が出発するこのどんよりとした朝)

上記の時の対比関係に着目すれば、all those years before が B から A までの年月を指す副詞句であることがわかる。

したがって、⑤は「私が祖母のもとに来てからずっと何年間も祖母のことを心配に思っていた」となる。

以上の5点より、下線部(1)の日本語訳は次の通りである。

――― 下線部(1)の日本語訳 ―――
今からすればそういう気がしただけなのかもしれないが、たしかに、祖母の体がわずかに震えているのを感じたと今でも思っている。それはほんのかすかな震えではあったが、それでもその震えが私に伝わってきて、そのために私は祖母のことが心配になったが、その気持ちは私が祖母のもとに来てからずっと何年間も感じていたのよりも強いものであった。

◇下線部(2)◇
① ❸I do not recall (experiencing ~)   (私は~を経験した覚えはない)
   S   V   O〈動名詞〉

recall (~ing) の動名詞 ~ing は単純動名詞でありながらも、過去の内容の「す
  V   O
でにしたこと」を表すから、「~したことを覚えている」の意味になる。

② ❶| I could feel | the tension rising within me | (緊張感が体内に高まる
        S   V   O   C   のを感じていた)

⟹ ❷(It)
⟹ ❷| as if | I were pushing my way, physically, through (a crowd) which
   might overwhelm me
   (まるで私が体で群衆の中を押し分けて進みながらも、その群衆が私を圧倒してしまうかのようだ)

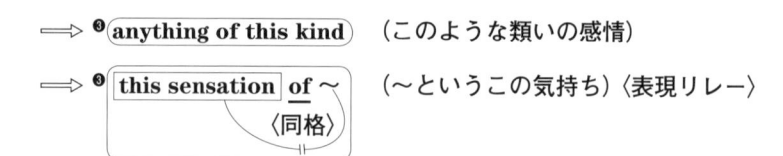

⇒ ❸ (anything of this kind)　（このような類いの感情）

⇒ ❸ this sensation of ～　　（～というこの気持ち）〈表現リレー〉
　　　　　　〈同格〉

　— this sensation of ～ のダッシュ（—）は anything of this kind の内容を説明する同格を表すと判定できるのは、this sensation（この気持ち（感じ））と同系列の感情表現である I could feel, as if〈気持ちを表す〉に注目することで上記の表現リレーがわかるからである。

　したがって、anything は this sensation を指す一種の代名詞とみなす。

③　❸of (millions of lives) surrounding my own 〔life〕
　　　　　　S′　　　　　　　P′〈動名詞〉

"前置詞 + (名詞) + ～ing" では、～ing は動名詞か現在分詞かの2つの解釈が存在する。

　a. 動名詞の解釈は、「—は～すること」から**文の内容が主体**である。
　b. 現在分詞の解釈は、「～している—」から**名詞の内容が主体**である。

　この場合は、of が同格でその直前の this sensation の内容を表す文の内容が主体でなくては矛盾するから、動名詞と考えるべきである。したがって、③は「何百万もの人たちの生活が私自身の生活を取り囲むこと」となる。

④　A:　❸ when I (last) lived in the city , perhaps I possessed no real awareness of my own self
　　　（この前、この都市で生活していたときには、ことによると、私は自分自身というものを本当の意味で意識していなかったのだろう）

　⇔　B:　❹ (Now) ... it was with a newly awakened self-consciousness that S+P　（今や…、まさに自意識が新たに芽生えて、～）

　第⑥パラグラフの第3文〈(last)：この前のロンドンでの生活〉と第4文〈(Now)：今度のロンドン行き〉とで様相が変わったという逆接関係になっている点に注目しよう。

　つまり、以下の表現リレーが確認できる。

$$\begin{cases} \text{❸}\underline{\text{I possessed}}\ \underline{\text{no}} \sim \iff \text{❹}\underline{\text{with}} \sim \quad (\sim を持って) \\ \text{❸}\underset{V'}{\underline{\text{real awareness}}}\ \underset{O'}{(\text{of my own self})}\quad 〈文が潜在〉 \\ \quad (自分自身というものを本当の意味で意識すること) \\ \implies \text{❹}\underset{P'}{(a)\ \underline{\text{newly awakened}}}\ \underset{S'}{(\text{self-consciousness})}\quad 〈文が潜在〉 \\ \quad (自意識が新たに芽生えること) \end{cases}$$

ここで、"形容詞＋名詞"の背後に文が潜在する場合を考えてみよう。つまり、

$$\underset{S}{\boxed{名詞}}\ \underset{P}{\text{is 形容詞}} \longrightarrow \underset{P'}{形容詞}＋\underset{S'}{\boxed{名詞}}\quad (〜が…であること)$$

の成立過程を踏まえれば、

$\boxed{\text{self-consciousness}}$ is newly awakened
$\implies$ (a) newly awakened $\boxed{\text{self-consciousness}}$

が判明する。

　以上のことから、a newly awakened self-consciousness を自然な日本語訳「自意識が新たに芽生えること」にする効果が発揮できるはずだ。

　さらに、"$\boxed{\text{it was}}$ with… $\boxed{\text{that}}$ $\underset{M_2}{S＋P}$"が＊M_2を強調する分裂文であるから、「〜なのは、…を抱いてであった」／「まさしく…を抱いて〜」という意味になる。

　with…を強調している理由は、先程述べた通り、前文の内容と逆転されている箇所がこの with…の前置詞句であることからも納得できよう。

　以上の4点より、下線部(2)の日本語訳は次の通りである。

―― 下線部(2)の日本語訳 ――
　以前に何かこのような類いのこと――何百万もの人々の生活が私自身の生活を取り巻いているという気持ち――を経験した覚えはないが、しかし、この前この都市で生活していたときには、ことによると、私は自分自身というものを本当の意味で意識してはいなかったのだろう。今やすべてが変わってしまったのだ。まさに自己意識が新たに芽生えて、私はプラットホームから駅の中央コンコースへと歩いて行った。

構文解説

◎ It is 強調したい要素 that ~ 〈分裂文〉

⟹ S か O〈名詞相当語句〉か M_2 を強調するときに、文から分裂させて It is と that の間に S か O か M_2 を置き、それ以外の要素が that の後に続いたスタイル。

  a. It is S that P 〈S の強調の分裂文〉
  b. It is O that S+P 〈O の強調の分裂文〉
  c. It is M_2 that S+P 〈M_2 の強調の分裂文〉

(例文) **a.** It was Mr. Brown that gave money generously to the poor.
   (貧しい人々に気前よくお金を恵んだのは、ブラウンさんでした)
  b. It was their country that they fought for.
   (彼らが戦ったのは祖国のためだった)
  c. It was because of his illness that we decided to postpone our departure.
   (私たちが出発を延期しようと決めたのは彼が病気だったからです)

注目 1. ◇ **a, b** で強調したい要素が「物」のとき、
   ⟹ It is — which ~
  としてもよい。

  ◇ **a, b** で強調したい要素が「人」のとき、
   a. ⟹ It is — who ~
   b. ⟹ It is — whom ~
  としてもよい。

2. that は省略されることがある。

3. 強調できない要素
 (**1**) 形容詞
 (**2**) 様態・程度・文修飾の副詞
 (**3**) 目的語の that 節
 (**4**) 数量詞を伴う名詞

Part II 大意要約

　まず文章の構成から考えてみると、文章は、いくつかの **Paragraph**（段落）から成り立ち、さらに、各パラグラフがいくつかの **Sentence**（文）から成り立っていることがわかる。そして、文章を読解する行為とは、パラグラフ内部の文どうしのつながりと展開、さらには、パラグラフどうしのつながりと展開を追いかけることによって、文章の内容を理解することである。そこで、その内容を正確に把握し、要約するにはどうしたらよいのだろうか？

　言うまでもないことだが、書き手が文章を書くのは、あるテーマについて自分の主張を読者に訴えるためである。したがって、**文章を「要約する」とは、書き手が訴えたい重要な点、つまり、その掲げるテーマと主張を発見し抜粋する作業のことである**。

　それには、書き手が自分の言いたいことを、どのようにして書いているのか（書き方）にスポットを当ててみるのが一番良い。**書き方にはルールが存在するのであり、それが書かれたものを読む読み方のルールにもつながることに着目したいのである**。

　Part I でも明らかになったように、1 文を正確に読解するには、まず語彙力と構文力が必要不可欠であるのは言うまでもないが、それだけに留まるものではなかった。もっと視野を広げて、文と文の関係に着目することによって、ある重要表現（語句）の意味、及び構文の使われ方が鮮明になるというアプローチを試みてきた。

　Part II では、そのアプローチをさらに先鋭化してみよう。ここで、**語句・構文レベルの読解を「ミクロの視点」**と呼ぶのに対し、**文と文のつながり、パラグラフとパラグラフのつながりを考えて読解する大きな視点を「マクロの視点」**と呼ぶことにする。

　つまり、「マクロの視点」とは、文と文の連続性に着目することによって、文と文の関係を考え、文と文の関係を明らかにすることによって、ツヨイ文とヨワイ文の存在を見きわめるアプローチのことである。さらに大きな視点に立つと、パラグラフとパラグラフの連続性に着目することによって、パラグラフとパラグラフの関係を明らかにして、ツヨイパラグラフとヨワイパラグラフの存

在を見きわめるアプローチのことである。
　それでは、具体的に要約に必要な大きな視点であるマクロの視点とは何か？ その考察に入ろう。

マクロの視点 の考察
〔1〕　文と文の連続性を意識する
　　　⇒　文と文をつなぐ連結語に着目する

　パラグラフ内部の文と文の間には、逆接を表す **But** とか、論理的帰結を表す **Therefore** などの連結語が存在する。これらの語は列車と列車をつなぐ連結器のようなものである。

　しかし、実はその連結語が書かれていない文の方が多いのである。それは、文脈上文と文の関係が明白であるからだ。たとえば、「抽象的内容の文」の後にその「具体的内容の文」が続いていれば、書き手は敢えて連結語〈この場合は for example〉を書くことはしない。しかし、**連結語が書かれていなくても、文と文の間には連結語が「潜在」していると考えてみればよい。**

　文はピリオドで形式上終わっていても、内容面では常に次の文につながっていくことを意識することが肝心である。

　それでは、連結語とは具体的に何なのか。それはその働きにより以下の6通りのグループに分けられる。

①	**a.**	並　　列	〈and〉
	b.	選　　択	〈or〉
	c.	追　　加	〈and / also / besides / furthermore など〉
②	**a.**	逆　　接	〈but / however など〉
	b.	対　　比	〈on the contrary / on the other hand / while など〉
③		例　　示	〈for example / for instance など〉
④		同格・反復	〈that is〔to say〕/ in other words など〉
⑤		論理的帰結	〈so / therefore / thus / accordingly / for など〉
⑥		結論・要約	〈in conclusion / in short / in summary など〉

　文と文をつなぐ以上の連結語を意識することによって、次のような文関係が浮き彫りにされる。

〔2〕 文と文の関係に着目する。

1. 〔1〕連結語の ③ の for example（たとえば）や ④ の in other words（言い換えれば）などにより、**A** と **B** が等しい関係にあることが判明する。

  A. <u>For example</u> **B**. ／ **A**. <u>In other words</u> **B**.

  ⟹ **A**＝**B**〈**A** と **B** が等しい関係〉

2. 〔1〕連結語の ② の but などにより、**A** と **B** が逆接関係、また、on the other hand（他方では）などにより、**A** と **B** が対比関係にあることが判明する。

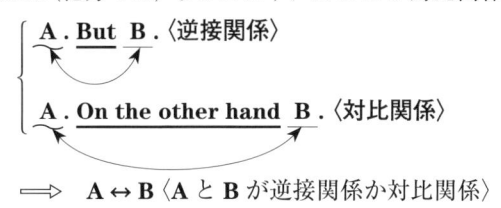

  ⎰ **A**. <u>But</u> **B**. 〈逆接関係〉
  ⎱ **A**. <u>On the other hand</u> **B**. 〈対比関係〉

  ⟹ **A** ↔ **B**〈**A** と **B** が逆接関係か対比関係〉

3. 〔1〕連結語の ① **a.** and、**b.** or、**c.** besides などにより、**A** と **B** が追加関係にあることが判明する。

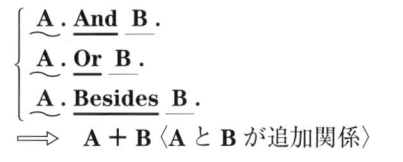

  ⎧ **A**. <u>And</u> **B**.
  ⎨ **A**. <u>Or</u> **B**.
  ⎩ **A**. <u>Besides</u> **B**.
  ⟹ **A** ＋ **B**〈**A** と **B** が追加関係〉

4. 〔1〕連結語の ⑤ の therefore（したがって）や for（というのも）などにより、**A** と **B** が因果関係にあることが判明する。

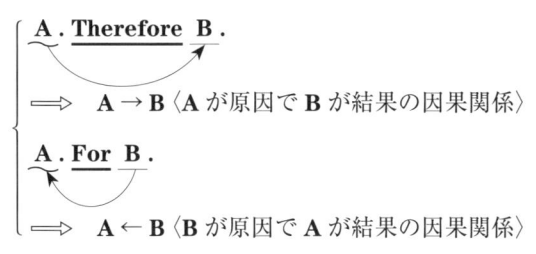

  ⎧ **A**. <u>Therefore</u> **B**.
  ⎪ ⟹ **A** → **B**〈**A** が原因で **B** が結果の因果関係〉
  ⎨ **A**. <u>For</u> **B**.
  ⎩ ⟹ **A** ← **B**〈**B** が原因で **A** が結果の因果関係〉

5. 〔1〕連結語の ⑥ の in short（要するに）などにより、**A** と **B** が結論関係にあることが判明する。

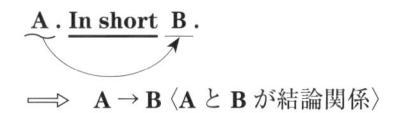

  A. <u>In short</u> **B**.

  ⟹ **A** → **B**〈**A** と **B** が結論関係〉

Part II 大意要約

　ここで、マクロの視点〔1〕〔2〕の確認のために予行演習の問題に挑戦してみよう（予行演習1～3の訳は別冊 p.6 にある）。

予行演習 1

　次の文章の空所 (1)～(4) に入れるべき四つの語または語句が、順不同で、下の A～D に示されている。意味の通る文章にするのに最も適した配列を、①～④のうちから一つ選べ。

❶(1) most of us have the impression that bones are dry, living bones are actually not dry at all. ❷(2), they have a wet outer layer. ❸(3), inside they contain a soft, moist material that is essential to life itself. ❹(4), "dry" is by no means an accurate description of living bones.

A. Although　　　B. Furthermore　　C. Therefore　　D. To begin with
① A―C―D―B　　② A―D―B―C　　③ D―A―B―C　　④ D―C―B―A

（センター試験）

解法の手順

(1)　bones are dry
　　　⟷　living bones are actually not dry at all.

　従属節 that 以下の bones are dry（骨は乾いている）と主文の living bones are actually not dry at all（生きた骨は実はまったく乾いていない）は逆接関係にあるから、(1) には譲歩を表す連結語 Although（～けれども）が入る。

(2)　❶living bones are actually not dry at all.
　　　（生きた骨は実はまったく乾いていない）

　　　⟵ ┌ ❷they have a wet outer layer.
　　　　│ （生きた骨には湿った外側の層がある）
　　　　└ +❸inside they contain a soft, moist material M₁
　　　　　（内側には～柔らかな湿った物質がある）

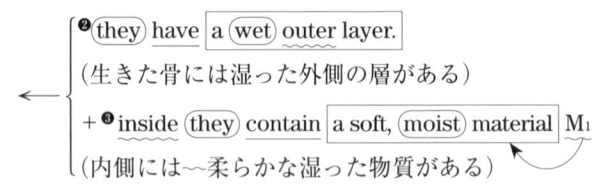

　第1文の根拠を示す第2文と第3文が続く。第2文のトップ (2) には列挙の Discourse Marker〈p.67 を参照〉である **To begin with**（まず第一に）が、第2文と第3文は追加関係だから、第3文のトップの (3) には追加を表す

連結語 **Furthermore**（そのうえ、さらに）が入る。

(3)　②+③　⟶　"dry" is by no means an accurate description of living bones.
　　（「乾いた」という語は生きた骨を正確に描写するものでは決してない）
　　第4文は第2文と第3文の論理的帰結文であるから、第4文のトップの
（　4　）には論理的帰結の連結語 **Therefore**（したがって）が入る。
　　したがって、解答は ② である。

マクロの視点

> ❶ Although most of us have the impression that bones are dry, living bones are actually not dry at all.〔**For**〕❷ To begin with, they have a wet outer layer. ❸ **Furthermore**, inside they contain a soft, moist material that is essential to life itself. ❹ **Therefore**, "dry" is by no means an accurate description of living bones.

①　連結語と文関係

　❶〈テーマと主張〉〔**For**〕**To begin with** ❷ **Furthermore** ❸ **Therefore** ❹
　　　　　　　　　　〈理由〉　　　　　　　　　＋　　　　　　⟶
　　　　　　　　　　　⟵　　　　　　　　　〈追加〉　　　〈論理的帰結〉

第1文の根拠を表す文が第2文+第3文〈1つのかたまりの文とみなす〉であり、第4文は論理的帰結文である。
　連結語は以下の通りである。

　　⎧ 第1文と［第2文+第3文］をつなぐ **For** が潜在
　　⎨ 第2文と第3文をつなぐ **Furthermore** が存在
　　⎩ ［第2文+第3文］と第4文をつなぐ **Therefore** が存在

②　表現リレー

　　❶ not dry　⟹　❷ wet　⟹　❸ moist（湿った）
　　❷ have　⟹　❸ contain
　　❷ outer　⟺　❸ inside
　　❶ not at all　⟹　❹ by no means

①で示した文関係により、②の表現リレーに気づくはずだ。

Part II　大意要約

予行演習 2

1文に続く四つの文が、順不同で、下のA〜Dに示されている。意味の通る文章にするのに最も適した配列を、①〜④のうちから一つ選べ。

❶To stay healthy, we should maintain a balance between physical and mental play — the play of the body and of the mind.

A. By the time we are adults, we may stop participating in physical play altogether.
B. As we get older, however, our games are likely to involve more mental than physical activity.
C. When we are very young children, we use our bodies a lot when we play.
D. As a result, we may begin to lose our physical health.

① B—A—C—D　② B—C—D—A　③ C—A—D—B　④ C—B—A—D

(センター試験)

解法の手順

(1) 第1文は Discourse Marker "we should"〈p. 73 を参照〉という表現からテーマを提起した著者の主張文であることがわかる。その骨子は「**a**: physical play（肉体的活動）〈→ the play of the body（身体の活動）〉と **b**: mental play（精神的活動）〈→ the play of the mind（心の活動）〉の均衡を維持すべきだ」という内容である。

(2) A, B, C の冒頭部の By the time、As、When が「時」の接続詞であり、それぞれの時の内容が順次移行していることが判明するから、この3つの文は1つのかたまりと判定できる。

そして、Aは「成人するまでに」、Bは「成長するにつれて」、Cは「ごく幼い子供の頃」であることを考えれば、時の推移から C → B → A の配列であることがわかるはずである。

❷When we are very young children, we use our bodies a lot when we play.
〈**a** だけ or **a** > **b**〉
(ごく幼い子供の頃は、私たちは遊ぶときに大いに身体を動かすものだ)

however ❸As we get older, our games are likely to involve more mental than physical activity 〈**a** < **b**〉

（成長するにつれて、私たちの遊びには肉体的活動よりも、精神的活動を伴う可能性が高くなる）

第2文と第3文は連結語 however によって逆接関係であることがわかる。つまり、**a＞b** から **a＜b** への逆転の流れに着目する。

(3) ❹By the time we are adults, we may stop participating in physical play altogether 〈b だけ〉

（成人する頃にはもう、私たちは肉体的活動に関わるのをまったくやめてしまうこともある）

第4文は第3文から続いた追加文。ここで注目すべきことは、When we are very young children〈**X**〉、As we get older〈**Y**〉、By the time we are adults〈**Z**〉がそれぞれ時間的推移を示しているから、ある意味では、新情報 **X, Y, Z** が文どうしをつなぐ連結語の働きをしているという点である。**連結語がない場合は、冒頭部の新情報が一種の連結語の働きをしている。**

(4) ❺**As a result** we may begin to lose our physical health.

（私たちはだんだん肉体的健康を失いかねなくなる）

第5文は連結語 As a result（その結果）によって第3文＋第4文の論理的帰結を表す文であることがわかる。

したがって、解答は ④ である。

マクロの視点

❶To stay healthy, we should maintain a balance between physical and mental play — the play of the body and of the mind. [**For**] ❷When we are very young children, we use our bodies a lot when we play. ❸As we get older, **however**, our games are likely to involve more mental than physical activity. [**And**] ❹By the time we are adults, we may stop participating in physical play altogether. ❺**As a result**, we may begin to lose our physical health.

① 連結語と文関係

❶〈テーマと主張〉 [**For**] ❷ **however** ❸ [**And**] ❹ **As a result** ❺
　　　　　　　　　〈理由〉　　〈逆接〉　　〈並列〉　　〈論理的帰結〉

第 2 文と［第 3 文＋第 4 文］〈第 3 文と第 4 文は 1 つのかたまりの文とみなす〉は逆接関係であり、［第 3 文＋第 4 文］と第 5 文は因果関係である。そして、第 1 文と［第 2 文＋第 3 文＋第 4 文＋第 5 文］〈第 2 文～第 5 文は 1 つのかたまりの文とみなす〉は因果関係である。

連結語は以下の通り。

> 第 3 文と第 4 文をつなぐ **And** が潜在
> 第 2 文と［第 3 文＋第 4 文］をつなぐ **however** が存在
> ［第 3 文＋第 4 文］と第 5 文をつなぐ **As a result** が存在
> 第 1 文と［第 2 文＋第 3 文＋第 4 文＋第 5 文］をつなぐ **For** が潜在

② 表現リレー

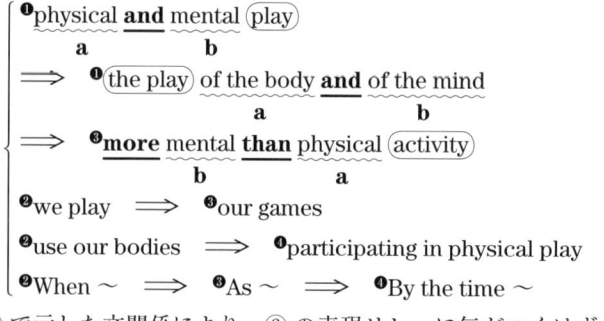

> ❶physical **and** mental (play)
>   a   b
> ⟹ ❶(the play) of the body **and** of the mind
>   a   b
> ⟹ ❸**more** mental **than** physical (activity)
>   b   a
> ❷we play ⟹ ❸our games
> ❷use our bodies ⟹ ❹participating in physical play
> ❷When ～ ⟹ ❸As ～ ⟹ ❹By the time ～

① で示した文関係により、② の表現リレーに気がつくはずだ。

予行演習 3

1 文に続く四つの文が、順不同で、下の A～D に示されている。意味の通る文章にするのに最も適した配列を、①～④ のうちから一つ選べ。

❶Green tea has a long history in Japan and strong ties with Japanese culture.

A. They are, in fact, the result of different ways of growing the tea and treating it after it is picked.

B. However, all tea, no matter what its color or taste, comes from the same plant.

C. Because of this, one might think that green tea comes from a plant unique to Japan.

D. Then what causes the differences in taste and color?

① C—A—B—D　　② C—B—D—A　　③ D—A—B—C　　④ D—C—B—A

(センター試験)

解法の手順

(1) 第1文「緑茶の歴史は日本では長く、日本文化とのつながりは深い」に続く文を考える上で、Aの in fact(実際は)、Bの逆接の However(しかしながら)、Cの指示代名詞 this、Dの疑問文に着目する。

❷one **might** think that green tea comes from (a plant unique to Japan)
(ことによったら、緑茶が日本固有の植物から採れると思うかもしれない)
However ❸all tea, M_2, comes from (the same plant)
(すべての茶は、〜、同一の植物から採れる)

may... but 〜(…かもしれないが、〜)の譲歩のスタイルに相当する "might.... However 〜" により、CとBが逆接関係であることがわかる〈"a plant unique to Japan" ⇔ "the same plant" の対立関係に着目〉。

(2) ❷Because of (this), 〜

Cの this が前文の第1文を受け継ぐ旧情報だから、文頭に置かれている。this はある意味で文と文をつなぐ連結語の働きをしているのだ。第1文と第2文は追加関係である。

(3) ❹**Then** (what causes) the differences in taste and color?
(それでは、茶の味や色の違いの原因は何であろうか)
in fact ❺They (are the result of different ways of growing the tea and treating it after it is picked)
(その違いは茶の栽培の仕方と摘んだ後の処理方法が違う結果なのである)

第3文を受け継ぐ連結語が Then(それでは)で、第4文が疑問文のスタイルをとることによって、書き手はテーマを提起していることがわかる。そして in fact によって受け継がれる文がその答えで主張文〈ツヨイ文〉であるのだ。

それは、

(what causes) the differences in 〜　⟹　They (are the result of ―)
(〜の違いの原因は何であろうか)　　　(その違いは―の結果である)

の流れからも明らかになろう。
　したがって、解答は②である。

[マクロの視点]

> ❶Green tea has a long history in Japan and strong ties with Japanese culture. 〔**And**〕❷Because of **this**, one might think that green tea comes from a plant unique to Japan. ❸**However**, all tea, no matter what its color or taste, comes from the same plant. ❹**Then** what causes the differences in taste and color? ❺They are, **in fact**, the result of different ways of growing the tea and treating it after it is picked.

① 　連結語と文関係
　　　❶〔**And**〕　❷ Because of **this**　**However**　❸　**Then**　❹ 疑問文　**in fact**　❺ 答え
　　　　＋　　　　　　　　　　　　　　　↔　　　　→　　　　　　　　　　＋
　　　〈付加〉　　　　　　　　　　　　〈逆接〉　　〈付加〉〈テーマを提示して主張〉

　第1文と第2文は追加関係であり、第2文は第3文と逆接関係。第4文と第5文は疑問文とその答えという1つのかたまりを形成し、書き手の主張となっている。

　連結語は以下の通り。

　　　　⎰第1文と第2文をつなぐ追加の **And** が潜在
　　　　⎱第2文と第3文をつなぐ逆接の **However** が存在
　　　　 第3文と第4文をつなぐ **Then** が存在
　　　　 第4文と第5文をつなぐ **in fact** が存在

② 　表現リレー

　　　　⎰❷a plant unique to Japan
　　　　⎱　⇔　　❸the same plant
　　　　 ❹the differences in taste and color　⟹　❺They
　　　　 ❹what causes ～　⟹　❺～ are the result of ―

　①で示した文関係により、②の表現リレーに気づくはずだ。
　以上、マクロの視点〔**1**〕〔**2**〕を駆使して予行演習を3題行ったが、ここからさらに発展して、マクロの視点〔**1**〕〔**2**〕に続く〔**3**〕の視点を提示する。

〔1〕 文と文の連続性を意識する。
　　⟹　文と文をつなぐ連結語（接続語句）を意識する
　　① **a.** 並列〈and〉
　　　 b. 選択〈or〉
　　　 c. 追加〈and / also / besides / furthermore など〉
　　② **a.** 逆接〈but / however など〉
　　　 b. 対比〈on the contrary / on the other hand / while など〉
　　③ 例　　示〈for example / for instance など〉
　　④ 同格・反復〈that is〔to say〕/ in other words など〉
　　⑤ 論理的帰結〈so / therefore / thus / accordingly / for など〉
　　⑥ 結論・要約〈in conclusion / in short / in summary など〉

〔2〕 文と文の関係に着目する
　　⟹　〔1〕の連結語により以下の文関係が判明する
　　① **A ＝ B**〈AとBが等しい関係〉　⟸　〔1〕③④
　　② **A ↔ B**〈AとBが逆接関係か対比関係〉　⟸　〔1〕②
　　③ **A ＋ B**〈AとBが追加関係〉　⟸　〔1〕①
　　④ **a.** **A → B**〈Aが原因でBが結果の因果関係〉⎫
　　　 b. **A ← B**〈Bが原因でAが結果の因果関係〉⎭　⟸　〔1〕⑤
　　⑤ **A → B**〈AとBが結論関係〉　⟸　〔1〕⑥

〔3〕 文には強弱が存在することが判明する
　　A　ツヨイ文　⟹　主張する文など
　　B　ヨワイ文　⟹　A〈主張文〉の説明や具体的記述などの補助的な文

　要約では、**Topic Sentence**（主張文）などの**A**〈ツヨイ文と呼ぶ〉を取り入れ、**Supporting Sentence**（補助文）と言われる**B**〈ヨワイ文と呼ぶ〉はカットする。
　そして**A**か**B**かを決定するのが**Discourse Marker**という存在である。
　それでは、以下でDiscourse Markerとは何なのかを考えてみよう。

|Discourse Marker|

(1) think〈思考型〉、insist〈言説型〉などのVが文に存在　⟹　I/WeがSのときはツヨイ
　　1. a. I think / believe / suppose that ～（～だと私は思う）

  b. I regard / accept / consider / see / take / look / think of — as 〜（—は〜であると私は思う）

   cf. In my opinion / In my view 〜（私の考えでは、〜）
 2. It seems to me that 〜（〜であるように私には思われる）
 3. a. I insist that 〜（〜だと私は主張する）
  b. I describe / define — as 〜（—は〜であると私は言う／定義する）
  c. I want to say that 〜（〜だと私は言いたい）

注目 ⅰ 「他者の考え」「一般の考え」はヨワイ
   ⟹ 反論によって、つまり、それを打ち消す形で書き手の主張が現れる。
    ※書き手の考えは表現のプラスとマイナスで判定できる。プラスは肯定的な言葉でマイナスは否定的な言葉であり、書き手はプラスの表現で主張する。
   ⟹ 書き手の主張は概してプラスの肯定的な結論に向かうのに対し、マイナスの表現はプラスの表現を浮き立たせようとする意図の現われとなる。
  ⅱ 「権威者の考え」 ⟹ 概して著者の主張の補強のために使われるからツヨイ

(2) 疑問文とその答えはツヨイ
 ⟹ 疑問文は書き手の「テーマ提起」、答えは「主張」を表す
 ⟹ 疑問文とその答えをまとめて平叙文にしたものを要約に取り入れる
 1.「疑問文〈テーマ〉 ⟹ 答え〈書き手の定義・解釈〉」という自問自答
 2. 修辞疑問文は反語〈答えが潜在する〉
  ｛肯定形の修辞疑問文 ⟹ 強い否定
   否定形の修辞疑問文 ⟹ 強い肯定

(3) 逆接・譲歩 ⟹ 前文あるいは譲歩節の内容に一歩譲った後で、書き手の主張が現れる。〜がツヨク、…はヨワイ。
 1. ..., but /〔and〕yet 〜（…、しかし〜）
 2. Though / Although ..., 〜（…けれども、〜）
 3. Even if / Even though / Even when ..., 〜（たとえ…しても、〜）

4. While ..., ~ (…けれども、~)
5. Whether ... or not, ~ (…であろうとなかろうと、~)
6. 疑問詞 ever / no matter 疑問詞 [S] may ..., ~ (たとえ―…しても、~)
7. It is true [that] / Indeed / Of course / To be sure / No doubt / Certainly / Surely / Yes / I admit ... but ~ (なるほど…が、~)
8. In spite of / With all / For all / After all / Despite / Notwithstanding ..., ~ (…にもかかわらず、~)
9. 逆接の M_2
   however (しかしながら) / nevertheless (それにもかかわらず) / conversely (逆に言えば) / on the contrary (それどころか) / all the same (それでも) など

(4) [否定 ⟹ 肯定] は肯定がツヨイ
   ⟹ 肯定の気持ちを強めるために否定表現を使う
1. **A**〈否定文〉. [Instead / Rather / On the contrary] **B**〈肯定文〉(**A**。[そうではなく／それどころか] **B**)
2. { not **A** but **B** (**A** ではなくて **B**)
   ⟶ **B**, [and] not **A** (**B** であって **A** ではない)
   ⟹ **B** を浮かび上がらせるために **A** を否定する。**B** がツヨイ。
3. { not so much **A** as **B** (**A** というよりもむしろ **B**)
   ⟶ **B** rather than **A**
   ⟶ more **B** than **A**
   ⟶ less **A** than **B**
   ⟹ **B** がツヨイ
4. not only / alone / just / merely / simply **A** but [also] **B** (**A** ばかりでなく **B** も)
   ⟹ **B** がツヨイ
5. **A** is ~ er / more ~ than **B** (**A** は **B** より~である)
   ⟹ **A** がツヨイ
6. { **A** is less ~ than **B** (**A** は **B** ほど~ない)
   ⟶ **A** is not so (as) ~ as **B**
   ⟹ **B** がツヨイ

注目 一般論は打ち消されて後に書き手の主張が展開されることが多く〈**(1)** の **注目** を参照〉、例えば以下のスタイルをとる。

- ⅰ. Many people think that ..., but 〜（多くの人々は…だと思うが、〜）/ It is often said that ..., but 〜（…だとしばしば言われるが、〜）
- ⅱ. generally 〔speaking〕/ broadly 〔speaking〕/ on the whole / as a rule ..., but 〜（概して…だが、〜）
- ⅲ. in most cases / mostly ..., but 〜（たいていの場合…だが、〜）

(5) 対比　⇒　似ていると思われることを2つ並べてその違いを示す。両方ともツヨイ。

1. **A**, while / whereas **B**（**A** だが、一方、**B**）
2. 〔On one hand〕**A**. On the other hand **B**（〔一方では〕**A**、他方では **B**）
3. In (By) contrast with (to) **A**, **B**（**A** に対比して（と対照をなして）、**B**）

(6) 例示・比喩・類似はヨワイ

1. a. 〜, for example / for insance / e.g. / say ...（〜たとえば、…）
   b. 〜 such as / like ...（…のような〜）
   c. 〜 as follows, ...（〜次の通り…）
2. 直喩〈直喩であることを示す言葉を使用〉
   - ⅰ **A** is like **B**（**A** は **B** のようだ）
   - ⅱ **A** is as ─ as **B**（**A** は **B** のように─だ）
   - ⅲ **A** as if **B**（まるで **B** であるかのように、**A**）
   - ⅳ **A**, as **B**（**B** のように、**A**）
   - ⇒ **B** はヨワク **A** がツヨイ
3. equally（同様に）/ similarly（同様に）/ in the same way（同じように）/ at the same time（同時に）

(7) 同格（言い換え）・選択

1. 同格を示す語

   A : that is〔to say〕（すなわち）/ in other words（言い換えれば）/ namely（すなわち）/ i.e.（すなわち）/ or（すなわち）**B**

⟹ **A、B** いずれかがツヨイ
2. 選択・代替を示す語
A or **B**（**A**、あるいは **B**）/ **A** alternatively **B**（**A**、あるいは **B**）
⟹ **A、B** いずれかがツヨイ

(8) 並列・列挙・付加・話題の転換
1. 並列 ⟹ 物事に順序をつけず対等に並べる
   a. **A** and **B**
   ⟹ **A、B** が同じ意味の並列のときは **A** か **B** いずれかがツヨイ。一方、**A、B** が違う意味の並列のときは **A、B** いずれともツヨイ。
   b. **A** especially（特に）/ in particular（特に）/ mainly（主に）/ mostly（主に）**B**
   ⟹ **B** がツヨイ
2. 列挙 ⟹ 物事に順序をつけて並べる
   a. first〔ly〕（第一に）/ second〔ly〕（第二に）/ last〔ly〕（最後に）/ finally（最後に）/ eventually（ついには）
   b. one, two, ... / next（次には）/ then（それから）
   c. to begin with（まず第一に）/ in the first place（まず第一に）/ first of all（まず第一に）/ above all（とりわけ）/ at the end（最後には）
   ⟹ 要約では、重要度が低いものはカットする。
3. 付加 ⟹ 前言に付け加えて意味を強める
   a. also（〜もまた）/ as well（〜もまた）/ too（〜もまた）
   b. besides（さらに）/ further（さらに）/ furthermore（さらに）/ moreover（さらに）
   c. besides 〜（〜のほかに）/ in addition to 〜（〜のほかに）
   ⟹ 概して、後から付加する言葉の方がツヨイ。
4. 話題の転換 ⟹ 前と話題を変える語句で、起承転結の転を導く
   a. by the way（ところで）/ incidentally（ところで）/ now（ところで）/ well（ところで）
   b. as for 〜（〜はどうかと言えば、〜に関するかぎりでは）/ with reference to 〜（〜に関して）/ with regard to 〜（〜に関して）
   c. anyway（とにかく）/ anyhow（とにかく）/ at any rate（とにかく）
   ⟹ 基本的に、話題が変わった後の文はツヨイ。

(9) 論理的帰結　⇒　ツヨイ
　　1. a. 　―, so / therefore / thus ～（―、だから / したがって、～）
　　　　b. 　―. Accordingly / Consequently ～（―。したがって、～）/ ―. As a result ～（―。その結果として、～）
　　2. 　～ because of / on account of / owing to / due to ―（―のために、～）
　　3. a. 　―. This is why ～（―。こういうわけで（だから）～）
　　　　b. 　～. This / That is because ―（～。その理由は―だからだ）
　　4. a. 　～, for ―（～、というのも―だからだ）
　　　　b. 　As / Since / Because ―, ～（―なので、～）/ Now〔that〕―, ～（今や―であるからには、～）
　　⇒　―が「原因・理由」で～が「結果」を表す。

(10) 結論　⇒　それまでの話を縮め要約して述べているからツヨイ
　　1. in conclusion（結論として）/ in short（要するに）/ in a word（要するに）/ in brief（要するに）/ briefly（手短に言えば）
　　2. to sum up（要するに）/ to summarize（要約すれば）/ to conclude（結論として）/ to make a long story short（手短に言えば、要するに）

(11) 強調表現　⇒　ツヨイ
　　⇒　{・強調されている所に書き手の主張が存在する。
　　　　 ・強調するための言葉や語法は要約の際はカットする。
　　1. 分裂文による強調
　　　　It is ～ that ―（―なのは〔ほかならぬ〕～である）
　　2. 倒置文による強調
　　　　O＋S＋V/C＋V＋S/M_2＋V＋S など
　　3. 二重否定による強調
　　4. 最上級〔相当表現〕
　　　　a. the ―est（the most ―）（最も―）
　　　　b. No〔other〕名詞＋{比較級（―）than / as (so) ― as} ～（～ほど―な…はほかにない）
　　　　c. have never＋p.p.＋{比較級（―）than / as (so) ― as} ～（～ほど―を今まで…したことがない）
　　　　d. 比較級（―）than any other 単数名詞（ほかのどの～よりも―）

5. 強意語
    a. 強意の助動詞 do（実際、本当に）
    b. the very 名詞（まさにその―）
    c. ―self（―自身）
    d. certain〔ly〕/ clear〔ly〕/ evidently / indeed / true / truly / absolute〔ly〕/ complete〔ly〕/ entirely / quite
    e. emphasize（強調する）/ insist（主張する）/ desire（強く望む）/ be surprised（驚く）
6. 強意の助動詞
    a. must ～（～しなければならない、～にちがいない）/ should（～すべきだ）/ be compelled（forced / obliged）to ～（～しなければならない）/ need to ～（～する必要がある）/ 命令文
    b. cannot（～はずがない）/ cannot help ～ing（～せざるを得ない）
7. 修辞疑問文による強調
8. 感嘆文

〔マクロの視点の考察〕
〔1〕文と文の連続性を意識する
    ⟹ 文と文をつなぐ連結語（接続語句）に着目する
    ① a. 並列〈and〉
       b. 選択〈or〉
       c. 追加〈and/also / besides / furthermore など〉
    ② a. 逆接〈but / however など〉
       b. 対比〈on the contrary / on the other hand / while など〉
    ③ 例　示〈for example / for instance など〉
    ④ 同格・反復〈that is〔to say〕/ in other words など〉
    ⑤ 論理的帰結〈so / therefore / thus / accordingly / for など〉
    ⑥ 結論・要約〈in conclusion / in short / in summary など〉

〔2〕文と文の関係に着目する
    ⟹ 〔1〕の連結語により以下の文関係が判明する
    ① A＝B〈AとBが等しい関係〉　⟸　〔1〕③④
    ② A↔B〈AとBが逆接関係か対比関係〉　⟸　〔1〕②

③　A＋B〈AとBが追加関係〉　⇐　〔1〕①
④　a.　A→B〈Aが原因でBが結果の因果関係〉⎫
　　b.　A←B〈Bが原因でAが結果の因果関係〉⎭　⇐　〔1〕⑤
⑤　A→B〈AとBが結論関係〉　⇐　〔1〕⑥

〔3〕文には強弱が存在することが判明する
　　⎰A　ツヨイ文　⟹　主張する文など
　　⎱B　ヨワイ文　⟹　A〈主張文〉の説明や具体的記述などの補助的な文
　　⟹　AかBかを決定する **Discourse Marker** の存在に着目する

以上のマクロの視点に基づいて要約問題に挑戦することにしよう。

要約問題 *1* 〈1パラグラフの文章〉

次の文章の趣旨を100字以内でまとめなさい。

❶Finally, ecological problems are no great respecters of national boundaries. ❷Pollution of the atmosphere and seas can have transnational effects, as vividly illustrated by the legendary penguins of Antarctica with the high concentration of D.D.T. in their tissues. ❸Thus in some instances to understand the problem would involve a global perspective. ❹Of course, with numerous nations involved, the administrative difficulties of any policy are multiplied. ❺More fundamentally, values and attitudes concerning environmental issues are likely to vary widely with national differences in economic and social priorities, levels of development and environmental conditions. ❻For example, an already industrialised, densely populated country living at peace with its neighbours is likely to be much more sensitive to pollution than a thinly populated, developing country which feels threatened by neighbouring states. ❼It would thus be extremely difficult to gain universal acceptance of a particular pollution tax rate. ❽Countries in urgent need of industrial development and imported capital, or with a balance-of-trade problem, would wish to attract foreign enterprises and keep domestic costs down by a low or zero level of pollution tax.

　　Antarctica：南極　　D.D.T.：殺虫剤の一種

（横浜市立大学）

（訳は別冊 p. 6）

解　説

　ミクロの視点による1文1文の正確な読解と同時に、文と文のつながりを考えたマクロの視点を駆使した読解によって、問題を考察し解答を導いてみよう。

解法の手順

(1)　**❶Finally**, ecological problems (are no great respecters of national boundaries)
　　　[**For example**]　❷Pollution of the atmosphere and seas (can have transnational effects), as ～
　　　（～ように、大気汚染や海洋汚染は国境を越えた影響を及ぼしかねない）

　第1文の ecological problems（生態学上の問題）が第2文では具体的に Pollution of the atmosphere and seas（大気汚染や海洋汚染）と表現されていることから、第2文が第1文の具体例であることがわかる。第2文の前には For example が潜在。have transnational effects（国境を越えた影響を及ぼす）と are no great respecters of national boundaries が等しいことに注目すれば、第1文の意味が明瞭になるはずだ。つまり、第1文は、「生態学上の問題はついに国境を度外視するものになってきている」。

ミクロの視点

① be no respecters of ～（～を区別しない）
② ～, **as** vividly illustrated by ... 〈as は比喩を表す〉
　　（…によって鮮明に示されているように、～）

③ $\overset{\frown}{\text{the legendary penguins of Antarctica}}$
　　$\underset{\text{M}_1 \langle 後置の前置詞句が前の名詞のかたまりを修飾\rangle}{\underline{\text{with the high concentration of D.D.T. in their tissues}}}$

（その細胞の中に高濃度の DDT が見られる、よく知られた南極大陸のペンギン）

(2)　❶＝❷ ❸**Thus** in some instances (to understand the problem) would involve a global perspective.

（場合によっては、この問題を理解しようとすれば、それには地球的規模の視野が必要となるであろう）

第3文は文頭の Discourse Marker の Thus（したがって）により、第1文＝第2文〈1つのかたまりの文とみなす〉の論理的帰結文であることがわかる。

このことから、

$\left\{\begin{array}{l}\text{❶ecological problems}\\ \Rightarrow \text{❷Pollution of the atmosphere and seas}\\ \Rightarrow \text{❷the legendary penguins of Antarctica}\\ \Rightarrow \text{❸the problem}\end{array}\right.$

の表現リレーが判明する。

ミクロの視点

❸(to ～) would involve O
　S
　　⟹　S の to 不定詞句が if 節の働きをする仮定法過去
　　　　（～するとすれば、…が必要であろう）

(3)　❸[**But**] ❹(Of course), with numerous nations involved, the administrative
　　　　　　　　　　　　　　　　　　　　　　M_2
difficulties of any policy are multiplied.
　　　　　　　　S

（もちろん、多くの国々が関わっているので、いかなる政策をとるにもその行政上の困難は非常に大きい）

第4文は第3文と逆接関係である。第4文の前には But が潜在。

Part II　大意要約

◯ミクロの視点

❶ **with** (numerous nations) involved, S + P
　　　　　　S′　　　　　　　P′
　⇒　「with + O + C」の形で独立分詞構文。
　　　(多くの国々が関係しているので、〜)

(4)　❹〔**Besides**〕❺(More fundamentally)〔than this〕, (values and attitudes)
　　　　　　＋
　concerning environmental issues are likely to vary widely with national
　　　　　　　　　　M₁　　　　　　　　　　P
　differences in 〜
　　　　M₂
　(それよりも一層重要なのは、環境問題に関する価値観や姿勢は、国によって〜の違いがあるから、おそらく大きく異なるであろう、ということだ)

　第5文は第4文の追加で、著者はさらに重要な考えを打ち出している。ルールにしたがって、連結語 Besides が潜在すると考えるが、実は、**More fundamentally〔than this〕という文修飾の副詞の比較級のかたまり〈旧情報〉が文と文をつなぐ連結語であるとも言える。**

◯ミクロの視点

① ❺(More fundamentally)〔than (this)〕, S are likely to 〜
　　　　　　　　　　　　M₂
　⇒　than this が省略されている。this は前文を受ける。More fundamentally は文修飾の副詞で、著者の主張を表す Discourse Marker。
　　　(それよりも一層重要なのは、おそらく…は〜するであろうということだ)

　注目　❶ ecological problems　⟶　❺ environmental issues〈表現リレー〉

② ❺(with) national differences in 〜
　⇒　with は「原因」を表し、national differences in 〜 の背後には文が潜在する。
　　　(国によって〜の違いがあるから)

(5)　❺ **For example** (X) is likely to be much more sensitive to pollution than (Y)
　　　　＝
　　(X は Y よりもおそらく汚染にずっと敏感に反応するであろう)

78

第 6 文は Discourse Marker の For example（たとえば）より、第 5 文の具体例であることがわかる。

> ミクロの視点

比較級の対象物 X、Y の対比に着目する。

X: ❻(an already industrialised, densely populated country) living at peace with its neighbours
                 M_1
（隣国と平和裏に生活している人口密度の高い先進国）
 ⟹ 後置の現在分詞句が前の名詞を修飾
 ⟺ Y: ❻(a thinly populated, developing country) which feels threatened by neighbouring states
                   M_1
（隣国に脅威を感じている人口密度の低い発展途上国）

(6) ❺ = ❻ **thus** ❼(It) would be extremely difficult (to) gain universal acceptance of a particular pollution tax rate.
（特定の汚染税率の世界的承認を得るとしたら、それは極めて困難なことであろう）

第 7 文は文中の Discourse Marker の thus（したがって）より、第 5 文 = 第 6 文の論理的帰結文であることがわかる。

> ミクロの視点

(It) would be extremely difficult (to ~)

 ⟹ 真主語の to 不定詞が、if 節の働きをする仮定法過去
   （～するとすれば、それは極めて困難なことであろう）

(7) ❼ [For] ❽(Countries) in urgent need of industrial development and imported
        S M_1
capital, **or** with a balance-of-trade problem, would wish to attract foreign
        M_1 P
enterprises and keep domestic costs down by a low or zero level of pollution tax.
（産業発展や外国からの資本を急務としているか、貿易収支の問題を抱え

ている国々であれば、外国企業を誘致し、汚染税率を低い水準に抑えるかゼロにすることによって国内のコストを低く抑えておきたいと考えるであろう）

第8文は第7文の理由を述べた文であるから、第8文の前には For（というのも）が潜在。

(ミクロの視点)

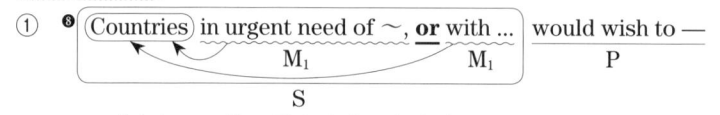

① ❽ (Countries) in urgent need of ～, **or** with ... | would wish to ―
　　　　　S　　　　　　M₁　　　　　　M₁　　　　　　　P

　⟹ ｛主部が if 節の働きをする仮定法過去
　　　　主部の中は主語の Countries に対し後置の前置詞句による名詞修飾
　　　（～を急務としたり、…を抱えている国々であれば、―したいと考えるであろう）

② ❽ by a low **or** zero level (of pollution tax)
　⟹ or は形容詞の low と zero を接続しているから、a low level of pollution tax と a zero level of pollution tax と解釈する〈共通構文〉。
　　（汚染税率を低い水準に抑えるか、ゼロにすることによって）

(マクロの視点)

❶**Finally**, ecological problems are no great respecters of national boundaries. ❷[**For example**] Pollution of the atmosphere and seas can have transnational effects, as vividly illustrated by the legendary penguins of Antarctica with the high concentration of D.D.T. in their tissues. ❸**Thus** in some instances to understand the problem would involve a global perspective. ❹[**But**] Of course, with numerous nations involved, the administrative difficulties of any policy are multiplied. ❺[**Besides**] **More fundamentally**, values and attitudes concerning environmental issues are likely to vary widely with national differences in economic and social priorities, levels of development and environmental conditions. ❻**For example**, an already industrialised, densely populated country living at peace with its neighbours is likely to be much more sensitive to pollution than a thinly populated, developing country which feels threatened by neighbouring states. ❼It would **thus** be extremely difficult to gain universal acceptance of a particular pollution tax rate. ❽〔For〕 Countries in urgent need of industrial development and imported capital, or with a balance-of-trade problem, would wish to attract foreign enterprises and keep domestic costs down by a low or zero level of pollution tax.

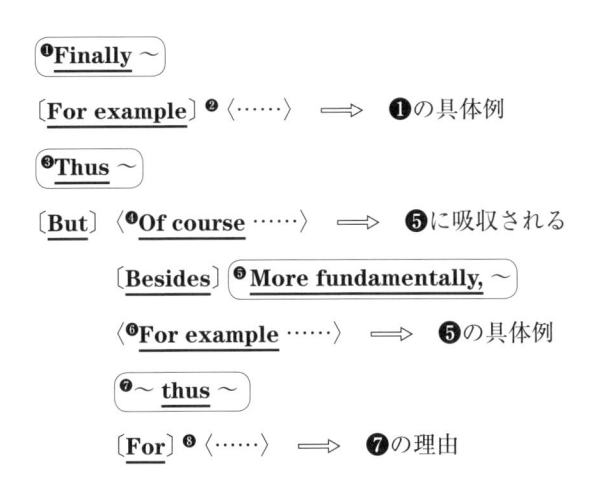

❶**Finally ～**

〔**For example**〕❷〈……〉 ⇒ ❶の具体例

❸**Thus ～**

〔**But**〕 〈❹**Of course** ……〉 ⇒ ❺に吸収される

　　　〔**Besides**〕 ❺**More fundamentally, ～**

　　　　〈❻**For example** ……〉 ⇒ ❺の具体例

　　　❼**～ thus ～**

　　　　〔**For**〕❽〈……〉 ⇒ ❼の理由

⇒ 　第1文は、Discourse Marker **Finally** によってツヨイ。
　　第2文は、潜在する **For example** より、第1文の具体例だからヨワイ。
　　第3文は、**Thus** により、第1文＝第2文の論理的帰結文だからツヨイ。
　　第4文は、潜在する **But** により、第1文・第3文と逆接関係にあり、
　　第5文は、潜在する **Besides**、さらに著者の主張を表す文修飾の副詞 **More fundamentally** により第4文より強い追加であるから、第4文はヨワク、第5文はツヨイ。
　　第6文は、**For example** より、第5文の具体例だからヨワイ。
　　第7文は、**thus** により、第5文＝第6文の論理的帰結文だから、ツヨイ。
　　第8文は、潜在する **For** により、第7文の理由説明であるが、第5文と同じ内容であるから、ヨワイ。

注目 1. ＿＿＿ が Discourse Marker
　　　 2. 文修飾の副詞は著者の主張を表す Discourse Marker

Part II　大意要約

解答のまとめ

$\boxed{1 \longrightarrow 3}$　↔　$\boxed{5 \longrightarrow 7}$
　〈A〉　　　　　〈B〉

⟹　第1文と第3文〈A〉、また第5文と第7文〈B〉は、それぞれ因果関係の1文とみなす。さらに〈A〉と〈B〉は逆接関係になっている。したがって、「1 だから 3 である が、5 だから 7 である」という枠組みで要約する。

　　　第1文、第3文、第5文、第7文の日本語訳と文関係に着目し、接続語句に配慮しよう。

要約問題1の解答

　環境問題に国境はないから、その理解には地球的規模の視野が必要であるが、各国の価値観や考え方は、その経済的、社会的状況と環境条件の違いなどにより異なるので、汚染税についての世界的合意は得難いであろう。

（**99字**）

要約問題 2　〈3パラグラフの文章〉

次の英文を読み、全文を 80〜100 字の日本語に要約せよ。ただし、句読点も字数に数える。

1　❶Eight, five, seven, three, one, two. ❷If I asked you now to repeat these numbers, no doubt most of you could. ❸If I asked you again after a long talk, you probably couldn't — you will keep the memory for a short time only.

2　❶It seems to be the case that two quite different processes are involved in the brain in memory storage, one for the short-term — that is about fifteen minutes to an hour — and one for long-term memory. ❷Many items of information find their way briefly into our short-term stores; most are discarded, and only a few find their way into the long-term store. ❸While memories are in this short-term store, they are easily destroyed: by distraction, for instance — do you remember the number sequence we started with? — or by interference with the brain: by an epileptic fit, or concussion, for example. ❹The film hero who wakes up after having been knocked out in a fight and asks "Where am I?" isn't joking; if the blow that knocked him out had been real it would have affected the electrical processes in his brain and so destroyed his store of short-term memories. ❺But he will not have lost his store of permanent, long-team memories — indeed, it is extraordinarily difficult to erase them. ❻Quite often in psychiatric treatment the psychologist tries to remove them by drugs, with electrical shock treatment, with insulin therapy, or psychoanalytic technique, but usually with a very limited amount of success.

3　❶Indeed, when one comes to think about it, memory is perhaps one's most durable characteristic as an individual. ❷I can lose limbs, have real organs replaced by plastic ones, alter my facial appearance with plastic surgery, but I am still "myself" — a complex of past experience, past memories, held tight and firm within my brain; only when I lose these do I cease to be myself.

epileptic ← epilepsy：てんかん
concussion：脳震盪（のうしんとう）
psychiatric：精神医学の
insulin therapy：インシュリン療法
plastic surgery：形成外科

（東京大学）

解　説

解法の手順

◇①パラグラフ◇

❶Eight, 〜, two.

〔And〕 ❷If I asked you now to repeat (these numbers), **no doubt** most of you could 〔repeat them〕
〈省略〉

（もし、今私がこの数字をくり返して下さいと言えば、もちろんほとんどの人ができるであろう）

〔But〕 ❸If I asked you again after a long talk, you probably couldn't 〔repeat them〕 — you will keep (the memory) for a short time only.
　　　　　　　　　　　　　　　　　　　　　　　　M_2　　　　M_2

（長い話をした後もう一度同じことを求めれば、おそらくできないであろう。つまり、こういう記憶は短期間しかもたないものなのである）

ミクロの視点

① ❷I asked you now to repeat these numbers.
　⟶ I said to you now, "Please repeat these numbers".

　注目　間接話法は直接話法に置き換えて考えた方がわかりやすい。

　（例文）He asked me if he might use my telephone.
　　　⟶ He said to me, "May I use your telephone?"
　　　　（電話を貸していただけますかと彼は私に言った）

② ❷no doubt .... 〔But〕〜.　〈譲歩構文〉
　　　　　　潜在
　（なるほど…だが、〜）

③ ❷most of you（ほとんどの人）　⟹　❸you probably　〈表現リレー〉
　　　　　　　　　　　　　　　　　　　（人はおそらく）

④ ❷repeat these numbers　⟹　❸the memory　〈表現リレー〉
　　　　　　　　　　　　　　　　（こういう数字の記憶）

マクロの視点

❶Eight, five, seven, three, one, two. ❷〔And〕 If I asked you now to repeat **these numbers,** no doubt most of you could. ❸〔But〕 If I asked you again after a long talk, you probably couldn't ― you will keep the memory for a short time only.

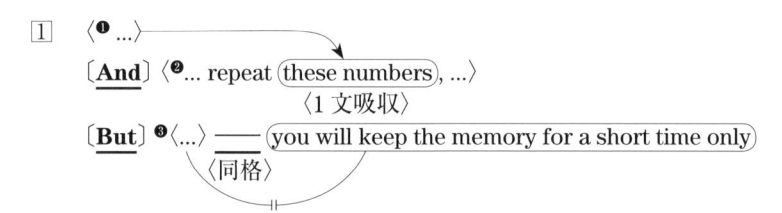

---

① 〈❶ ...〉
　〔And〕〈❷... repeat (these numbers), ...〉
　　　　　　　　　　〈1文吸収〉
　〔But〕❸〈...〉―― you will keep the memory for a short time only
　　　　　〈同格〉

　第1文は第2文の these numbers に吸収される〈第1文が第2文に組み込まれるという意味〉。第2文の前には And が潜在。第2文と第3文は逆接関係であるから、第2文はヨワイ、第3文はツヨイ。第3文の前には But が潜在。さらに第3文のダッシュ〈―〉は同格を表しており、ダッシュの前は具体的記述だからヨワイ、ダッシュの後がツヨイ。

〔①パラグラフのまとめ〕
　数字の記憶は短期間しかもたない。(16字)

◇②パラグラフ◇

(1) ❶It **seems to** be the case「that (two quite different processes) are involved
　　〈思考のV〉
　　in the brain in memory storage, (one) for the short-term ― 〈that is〉 ― **and**
　　　　　　　　　　　　　　　　　　〈A〉
　　(one) for long-term memory.」
　　〈B〉
　　(脳の中でまったく相異なる2つの処理方法が記憶の貯蔵に関わっていて、1つは短期の記憶のためのもの、つまり―であり、もう1つは長期の記憶のためのものであるというのが実情のように思われる)

　〔And〕❷Many items of information find their way briefly into (our short-

要約問題 2

　　term stores); (most) are discarded, **and** (only a few) find their way into
　　　　〈A〉
　　(the long-term store).
　　　　　　〈B〉
　　（多くの情報が一時的に短期記憶貯蔵室に入るが、その大部分は捨てられ、
　　長期記憶貯蔵室の中に入っていくのはほんのわずかである）

　第 1 文は Discourse Marker である思考を表す seem と、数字の two によって
テーマを提起しているからツヨイ。第 2 文は〈A：短期の記憶〉〈B：長期の記
憶〉のテーマを並列して説明を展開している。

ミクロの視点

① ❶(It) seems to be the case「(that) S＋P」（～のことが実情のように思われる）

　　⇒　予告の it で that 以下が新情報の主語で後置されていて、that 節が真
　　　　主語。

　　注目　"(It) is C (that S＋P)" は新情報 S を提示するスタイルであり、概し
　　　　　　　　　　　　　S
　　　　　て後続の文ではこの新情報 S の説明が展開される。したがって、第
　　　　　②パラグラフの第 2 文は第 1 文の追加説明であることが判明する。

② ❶(two quite different processes) P , (one) for the short-term ... and (one) for
　　　　　　　S　　　　　　　　　　　　S′　　　　　P′　　　　　　　S′
　long-term memory
　　　　P′
　　⇒　one の後に being が省略された**独立分詞構文**と解釈する。
　（まったく相違なる 2 つの処理方法が～であり、1 つは短期の記憶のための
　ものであり、もう 1 つは長期の記憶のためのものである）

　　注目　分詞構文 being の省略
　　　　　⇒　S＋P, {〔being〕(名詞)／形容詞〔句〕／前置詞句}
　　　　　　　　　　{〔being〕(p.p.)　　　　　　　　　　　}

　　　　　　　　{名詞／形容詞〔句〕／前置詞句}
　　　　　　　　{p.p. の分詞構文が出現　　　　}

87

Part II　大意要約

(例文)　a. She entered, (accompanied by her mother.)
　　　　　　　S　　V
　　　　　（彼女は母親に伴われて、入ってきた）

　　　　b. (Unable to walk any further), he sat down to take a rest.
　　　　　　　　　　　　　　　　　　　　　S　　　　　P
　　　　　（それ以上歩けなかったので、彼は座ってひと休みした）

③　❷Many items of information find their way (briefly) into (our short-term stores)

　　⎰ A: (most) are discarded
　　⎱　　（短期記憶貯蔵室の中に入る多くの情報の大部分は捨てられる）
　　　 B: (only a few) find their way into (the long-term store).
　　　　　（長期記憶貯蔵室の中に入っていくのは、ほんのわずかしかない）

　　注目　find one's way into ～（～に入っていく）
　　　　　　　cf. make one's way（進む）

(2)　❷[That is]❸While memories are in (this) short-term store, they are easily
　　　　　＝　　　　　　　　　　　　　　　〈A〉
　　destroyed: 〈by..., **for instance** ― ～ ― or by ～: by ～, **for example**〉
　　（記憶がこの短期記憶貯蔵室の中にある間は、容易に破壊されてしまう。
　　たとえば…によって、―～―、もしくは～によって、たとえば～によっ
　　て）

第3文は第2文の〈A〉のより詳しい説明であるから、第3文はツヨク〈ただ
し、コロン(:)以下は具体例だからヨワイ〉、第2文はヨワイ。第3文の前には
連結語で Discourse Marker の That is が潜在する。

第2文で〈A〉と〈B〉のテーマを提起しており、〈A〉のテーマについて第3文
と第4文で説明が展開され、〈B〉のテーマについて第5文で説明が展開されて
いく。

(ミクロの視点)

　　⎰ ❷Many items of information find their way into (our short-term stores)
　　⎱ ⟹　❸memories are in (this short-term store)〈表現リレー〉
　　　 ❷most are (discarded)
　　　 ⟹　❸they are $\underset{M_2}{\text{destroyed}}$ 〈表現リレー〉

88

(3) ❸ [For example] ❶ The film hero ⟨who wakes up after 〜 and asks "Where am I?"⟩ isn't joking
    =   S   if he
                                                                         P
    ; if (the blow) that — had been real (it) would have affected ... and so
    同格 関・代   V
    destroyed (his store of short-term memories). ⟨仮定法過去完了⟩
                        ⟨A⟩
    (映画の主人公が〜後、目を覚まして、「ここはどこ？」と尋ねても、冗談を言っているのではない。つまり、──一撃が本物であったとすれば、…に影響を与え、したがって、短期記憶貯蔵室を破壊してしまったのだろう)

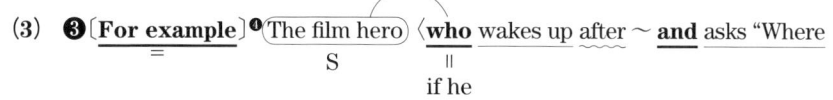

第4文は第3文の具体例であるから、連結語で Discourse Maker の For example が潜在する。第4文は具体例だからヨワイ。

(4) ❹❺But (he will not) have lost (his store of permanent, long-term memories) ──
                                              ⟨A⟩
    indeed (it is extraordinarily difficult to) erase (them)
                                                 ⟨A⟩
    (永久的な長期記憶貯蔵室を失ってしまうことはないだろう。それどころか、これを消し去ることはきわめて難しいのである)

第5文は連結語で Discourse Maker の But により第3文＝第4文と逆接関係であるから、第5文はツヨイ。

さらに第5文は2つの文から構成されており、強く言い換える連結語の indeed によって、その後がツヨイ文であることが判明する。

[ミクロの視点]

① indeed は前の表現をより強く言い換えるときの連結語
   I know it; **indeed** I am sure of it.
   (私はそれを知っている、いや、確信している。)

② ❺(It) is extraordinarily difficult (to erase them).
   (これを消し去ることはきわめて難しい)

Part II 大意要約

⇒ 後続の第6文ではここで掲示された新情報の主語 "to erase them" の説明が展開される

(5) ❺〔For example〕❻ Quite often the psychologist tries to remove them by **A**, with **B**, with **C**, or **D** **but** usually with a very limited amount of success.
（～きわめてよくあることだが、精神科医がこれを **A**、**B**、**C**、**D** によって取り除こうとしても、たいていは非常にわずかな成功例しか見られない）

第6文は第5文の具体例だから、ヨワイ。連結語で Discourse Maker の For example が潜在するが、ミクロの視点②より第6文が展開されることは予測されたことなのだ。

ミクロの視点

① ❺erase them ⟹ ❻remove them 〈表現リレー〉

② ❻..., **but** 〔does so〕 usually with a very limited amount of success.
　　　　　〈前文の動詞句が省略〉　　　M₂ ‖ M₂　having

（…が、しかし、そうしても、たいていは、非常にわずかな成功例しか見られない）

注目
1. with が M₂ で having の意味で使われているときは分詞構文 having の解釈と同じと考える。
2. usually は前置詞句 with 以下を修飾する。
3. S＋P〈A〉but〔S＋P〈A〉〕＋M₂（A だが、A なのは M₂ である）〈省略に着目〉

マクロの視点

❶It seems to be the case that two quite different processes are involved in the brain in memory storage, one for the short-term — that is about fifteen minutes to an hour — and one for long-term memory. ❷〔And〕 Many items of information find their way briefly into our short-term stores; most are discarded, and only a few find their way into the long-term store. ❸〔That is〕 While memories are in this short-term store, they are easily destroyed: by distraction, **for instance** — do you remember the number sequence we started with? — or by interference with the brain: by an epileptic fit, or concussion, **for example**. ❹〔For example〕 The film hero who wakes up after having been knocked out in a fight and asks "Where am I?" isn't joking; if the blow that knocked him out had been real it would have affected the electrical processes in his brain and so destroyed his store of short-term memories. ❺But he will not have lost his store of permanent, long-term memories — **indeed**, it is extraordinarily difficult to erase them. ❻〔For example〕 Quite often in psychiatric treatment the psychologist tries to remove them by drugs, with electrical shock treatment, with insulin therapy, or psychoanalytic techniques, but usually with a very limited amount of success.

2　❶It **seems to** be ... **two ～ processes** ... (memory storage),
　　　　〈思考の V〉　〈数字→テーマ提起〉
(one for the short-term) —〈**that is** ...〉— **and**
　　　〈**A**〉　　　　　〈具体例〉
(one for long-term memory)
　　　　〈**B**〉

〔**And**〕／❷Many ～ our short-term stores；〈**A**〉 **and**＼
　　　　　　　　　〈**A**〉
　　　　　　... the long-term store
　　　　　　　　〈**B**〉

〔**That is**〕 ❸〔～ this short-term store, they are easily destroyed
　　　　　　　　　　　〈**A**〉
　　　　　: 〈..., **for instance** — ... — or ... **:** ..., **for example**〉
〔**For example**〕〈❹〈**A**〉〉　⇒　第 3 文の具体例
❺**But** 〈... his store of permanent, long-term memories〉
　　　　　　　　　〈**B**〉
— **indeed**, (it is extraordinarily difficult **to** erase them)
〔**For example**〕〈❻〈**B**〉〉　⇒　第 5 文の具体例

　第 1 文はテーマを提起した文。第 2 文は第 1 文をより詳しく説明している。第 2 文の〈**A**：short-term stores〉のテーマについて第 3 文と第 4 文で説明が展

Part II 大意要約

開されており、第3文に対し、第4文はその具体例である。また、第2文の〈**B: the long-term store**〉のテーマについて第5文と第6文で説明が展開されており、第5文に対し、第6文はその具体例である。したがって、ツヨイ文は第1文と第3文のコロン (:) まで〈コロン (:) 以下は具体例〉と第5文の indeed 以下〈前の文をツヨク言い換えたのが indeed〉である。

〔②パラグラフのまとめ〕
　記憶には短期のものと長期のものと2種類ある。多くの情報が入る前者はすぐに失われるが、少しの情報しか入らない後者を消し去ることは難しい。

(**67字**)

◇③パラグラフ◇

(1) ❶**Indeed**, **when one comes to think about it**,
　　memory is perhaps one's durable characteristic as an individual.
　　(実際、考えてみると、記憶はおそらく人間の個人としての最も永続性のある特徴といえよう)

　　〔**And**〕❷I **can** lose ..., **but** I am still "myself" — 〜
　　　＋
　　(…を失うことがあっても、私はそれでもやはり「私」なのである。つまり〜、)

　　第2文は第1文の別種の追加説明であるから、第1文、第2文ともにツヨイ。第2文の前には追加の Discourse Maker の And が潜在。

(2) ❷I **can** lose ... **but** I am still "myself" — (a complex of past experience, past memories), held tight and firm within my brain
　　　　　　　　　　　　　　　　　　　　　　　　　　　　　M₁
　　(…を失うことがあっても、私はそれでもやはり「私」なのです。つまり、私とは、脳の内部にしっかり堅固に収納されている過去の経験、過去の記憶の複合体なのである)

　　; only when I lose these do I cease to be myself.
　　(こういうものを失ってはじめて私は私でなくなるのである)

　「can ... but 〜」は譲歩構文であるから but 以下がツヨイ。そして "myself" の説明がダッシュ以下の a complex of X のかたまりで展開される。a complex of

Xはmemoryの詳しい説明となっている。またセミコロン以下の文は"I am still "myself" — a complex of X"を言い換えている。したがって、第2文の主張は「過去の記憶の複合体こそが本当の自分である」あるいは、「記憶こそが自己（自分）を自己（自分）たらしめている」もしくは、「過去の記憶を失ってはじめて自分は自分でなくなる」となる。

ミクロの視点

① ❷can ... but 〜　〈譲歩構文〉
（…することがあっても、〜）

② ❷have real organs replaced by plastic ones
　　　　V　　　O　　　　　　　C
　⟹　O＋Cの内容がSの意志による利益の内容であるから、haveは使役「OをCしてもらう」の意味。
（本物の臓器を人工臓器に取り換えてもらう）

③ ❷only when I lose these do I cease to be myself.
　　〈否定の副詞節〉　　　〈倒置文〉
（こういうものを失ってはじめて私は私でなくなるのだ）

注目　1. 否定の副詞句（節）＋倒置文〈疑問文のスタイル〉
　　　　2. cease to 〜（〜しなくなる）

マクロの視点

❶Indeed, when one comes to think about it, memory is perhaps one's most durable characteristic as an individual. ❷〔And〕I can lose limbs, have real organs replaced by plastic ones, alter my facial appearance with plastic surgery, but I am still "myself" — a complex of past experience, past memories, held tight and firm within my brain; only when I lose these do I cease to be myself.

3　❶Indeed, when one comes to think about it, 〈B〉
　　〔And〕❷〈I can ...〉, but I am still "myself" — 〜; 〜 do I cease to be myself.
　　＋

93

第1文と第2文は別種の追加であるから、第1文第2文ともにツヨイ。第2文は「can ... but ～」の譲歩構文により but 以下がツヨイ。

but 以下の文ではセミコロンによってその前の文と後の文が等しいと判明する。そして、セミコロン以下の文が否定的表現であることに着目すれば、前の文がツヨイとみなした方がよいと言えよう。

なお、先程も記した通り、ダッシュ以下の a complex of X は memory の説明であることに注目する。

〔3パラグラフのまとめ〕
記憶は人間の最も永続性の高い特徴であり、これこそが自分を自分たらしめている。(**38字**)
記憶は人間の最も永続性の高い特徴であり、過去の経験の複合体こそが本当の自分である。(**41字**)

(解答のまとめ)

(大マクロの視点)〈パラグラフとパラグラフのつながりを考える視点〉

第①パラグラフと第②パラグラフと第③パラグラフの要約は完成したが、これを解答の中でつなげなければならない。そのために、第①パラグラフと第②パラグラフと第③パラグラフの関係に焦点を当ててみよう。

パラグラフとパラグラフの関係の考察を大マクロの視点と呼ぶことにする。

〈①〉〔In short〕②〈**A ←→ B**〉〔And〕③〈**B**〉 (②であり③)
　　→　　　　　　　　　　　　　　　　＋

第①パラグラフの主張は第3文のダッシュ以下であり、第②パラグラフの主張は第1文と第3文のコロンまでと第5文の indeed 以下であり、第③パラグラフの主張は第1文と第2文の but 以下であることを踏まえた上で、今度はパラグラフとパラグラフの関係を考えてみよう。

今まで、(マクロの視点)として3点に着目してきた。

〔1〕　文と文の連続性を意識する
〔2〕　文と文の関係に着目する
〔3〕　文には強弱が存在することが判明する

ここでさらに以下の3点を加えたい。

〔4〕 パラグラフとパラグラフの連続性を意識する
　　⟹　パラグラフとパラグラフをつなぐ連結語〈文と文をつなぐ連結語と同じ〉が存在するか潜在する
① 　a. 並列〈and〉
　　b. 選択〈or〉
　　c. 追加〈and / also / besides / furthermore など〉
② 　a. 逆接〈but / however など〉
　　b. 対比〈on the contrary / on the other hand / while など〉
③　例　　示〈for example / for instance など〉
④　同格・反復〈that is [to say] / in other words など〉
⑤　論理的帰結〈so / therefore / thus / accordingly / for など〉
⑥　結論・要約〈in conclusion / in short / in summary など〉

〔5〕 パラグラフとパラグラフの関係に着目する
　　⟹　〔4〕の連結語により以下のパラグラフ関係〈文と文の関係と同じ〉が判明する
① A＝B〈AとBが等しい関係〉　⟸　〔4〕③④
② A↔B〈AとBが逆接関係か対比関係〉　⟸　〔4〕②
③ A＋B〈AとBが追加関係〉　⟸　〔4〕①
④ 　a. A→B〈Aが原因でBが結果の因果関係〉
　　b. A←B〈Bが原因でAが結果の因果関係〉 ⟸　〔4〕⑤
⑤ A⇒B〈AとBが結論関係〉　⟸　〔4〕⑥

〔6〕 パラグラフには強弱が存在することが判明する〈文の強弱と同じ〉
　　A ツヨイパラグラフ
　　B ヨワイパラグラフ
　　⟹　AかBかを決定するのはDiscourse Markerの存在

　パラグラフはいくつかの文（6〜12くらいが望ましいとされる）から構成されており、その1つがTopic Sentence〈ツヨイ文〉である。そして、1つのパラグラフでは原則として1つの主題についてしか書くことができないことに着目する。また肝心なことは、パラグラフの中でツヨイ文が2つ以上あっても、その2つ以上のツヨイ文は1本の糸でつながった1つの文とみなす点である。つまり、1つのパラグラフは1文にまとめられるのだ。

したがって、(大マクロの視点)である〔4〕〔5〕〔6〕のアプローチが確立される。

　この文章では、第1パラグラフの記述は具体例で入る導入パラグラフであるから、ヨワイ。第2パラグラフ〈A↔B〉に続く第3パラグラフ〈B〉は情報内容の違うBの説明が展開されているから〈別種の追加関係〉、第2パラグラフと第3パラグラフはともにツヨイ。「2〈AだがB〉であり3〈B〉である」という枠組みで要約する。

要約問題2の解答

　記憶には短期と長期の2種類があり、多くの情報が入る前者はすぐに失われるが、わずかな情報しか入らない後者を消し去ることは難しい。記憶は人間の最も永続的な特徴であり、これこそが自己を自己たらしめている。

(99字)

要約問題 3 〈4パラグラフの文章〉

次の英文を読み、全文を80～100字の日本語に要約しなさい。要約にあたっては、回答欄の書き出し(「self-handicappingとは」)に従って"self-handicapping"を定義し、それについての筆者の見方をまとめること。ただし、句読点も字数に数える。

1 ❶Bad luck always seems to strike at the worst possible moment. ❷A man about to interview for his dream job gets stuck in traffic. ❸A law student taking her final exam wakes up with a blinding headache. ❹A runner twists his ankle minutes before a big race. ❺Perfect examples of cruel fate.

2 ❶Or are they? ❷Psychologists who study unfortunate incidents like these now believe that in many instances, they may be carefully arranged schemes of the subconscious mind. ❸People often engage in a form of self-defeating behaviour known as self-handicapping — or, in simple terms, excuse-making. ❹It's a simple process: by taking on a heavy handicap, a person makes it more likely that he or she will fail at an endeavour. ❺Though it seems like a crazy thing to do, it is actually a clever trick of the mind, one that sets up a difficult situation which allows a person to save face when he or she does fail.

3　❶A classic self-handicapper was the French chess champion Deschapelles, who lived during the 18th century. ❷Deschapelles was a distinguished player who quickly became champion of his region. ❸But when competition grew tougher, he adopted a new condition for all matches: he would compete only if his opponent would accept a certain advantage, increasing the chances that Deschapelles would lose. ❹If he did lose, he could blame it on the other player's advantage and no one would know the true limits of his ability; but if he won against such odds, he would be all the more respected for his amazing talents.

4　❶Not surprisingly, the people most likely to become habitual excuse-makers are those too eager for success. ❷Such people are so afraid of being labeled a failure at anything that they constantly develop one handicap or another in order to explain away failure. ❸True, self-handicapping can be an effective way of coping with anxiety for success now and then, but, as researchers say, it makes you lose in the end. ❹Over the long run, excuse-makers fail to live up to their true potential and lose the status they care so much about. ❺And despite their protests to the contrary, they have only themselves to blame.

(東京大学)

解説

1 パラグラフ

解法の手順

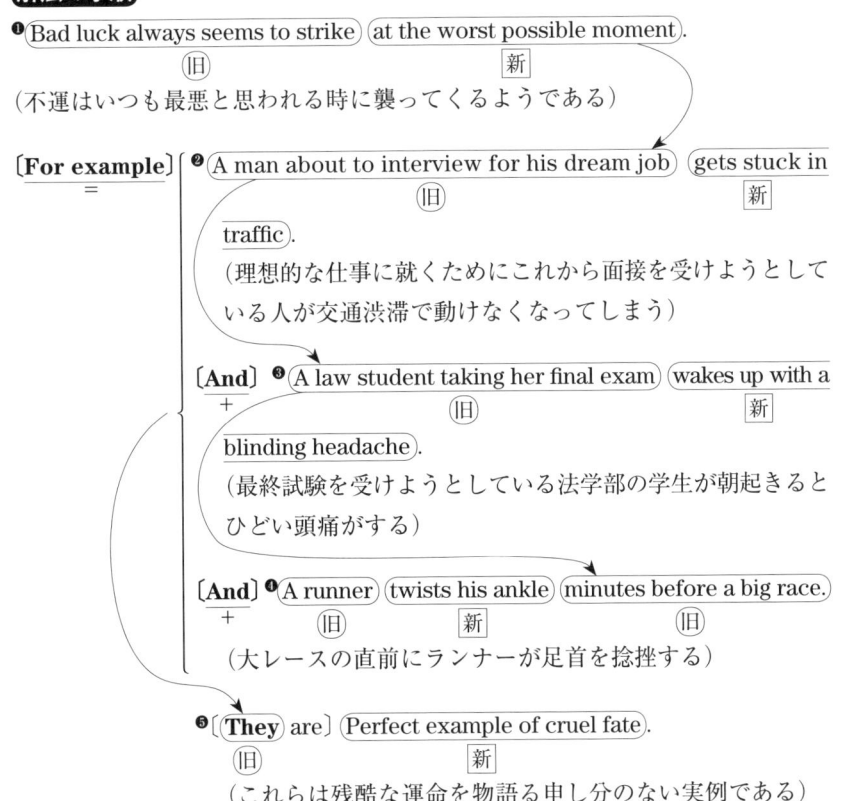

❶ (Bad luck always seems to strike) (at the worst possible moment).
　　　　　　旧　　　　　　　　　　　　新
（不運はいつも最悪と思われる時に襲ってくるようである）

[For example] ❷ (A man about to interview for his dream job) (gets stuck in
＝　　　　　　　　　　　旧　　　　　　　　　　　　　　　新
traffic).
（理想的な仕事に就くためにこれから面接を受けようとしている人が交通渋滞で動けなくなってしまう）

[And] ❸ (A law student taking her final exam) (wakes up with a
＋　　　　　　　旧　　　　　　　　　　　　新
blinding headache).
（最終試験を受けようとしている法学部の学生が朝起きるとひどい頭痛がする）

[And] ❹ (A runner) (twists his ankle) (minutes before a big race).
＋　　　　旧　　　　　新　　　　　　　　旧
（大レースの直前にランナーが足首を捻挫する）

❺ [They] are (Perfect example of cruel fate).
　　　旧　　　　　　　　新
（これらは残酷な運命を物語る申し分のない実例である）

　第1文でテーマを提起し、後続の第2文から第4文でその具体的記述が展開されているから、第2文の前には連結語で Discourse Marker の For example が潜在する。また、第3文と第4文は第2文に続く具体例の追加であることから、第3文と第4文の前には連結語で Discourse Marker の And が潜在する。そして、第5文は第 2 パラグラフ第1文の "Or are they?" の記述からも、文頭に They are が省略されていることに気づくはずだ。この They は、第2文＋第3文＋第4文〈1つのかたまりの文とみなす〉をまとめて受け継いだものであり、一種の連結語と言える。したがって、第 1 パラグラフでは第1文と第5文がツヨイ。

ミクロの視点

① ❷<u>A man</u> about to interview for his dream job
　　　　　　M₁
　⇒　後続の形容詞句が前の名詞を修飾
　　（理想的な仕事に就くためにこれから面接を受けようとしている人）

注目　be about to ～（まさに～しようとしている、今～しようとしているところだ）

注目　about to ～（まさに～しようとしている）⇒ tak**ing**（これから受けようとする）⇒ minutes before ～（～の直前に）
〈表現リレー〉

② ❷gets stuck ⟶ is stuck（動けなくなる、立ち往生する）

注目　stick（動けなくする、立ち往生させる）

マクロの視点

❶Bad luck always **seems to** strike at the worst possible moment.〔**For example**〕❷A man about to interview for his dream job gets stuck in traffic.〔**And**〕❸A law student taking her final exam wakes up with a blinding headache.〔**And**〕❹A runner twists his ankle minutes before a big race. ❺〔**They are**〕Perfect example of cruel fate.

1　❶　～　〔**For example**〕〈❷……❸……❹……〉❺〔They are〕～

　第1文は Discourse Marker の seems to という思考型の V によってテーマを提起したツヨイ文であることが判明する。第2文から第4文は第1の具体例だからヨワイ。第5文は第2文＋第3文＋第4文〈1つのかたまりの文とみなす〉をまとめて説明した文であり、第1文の別種の追加になっているから、ツヨイ。

〔1パラグラフのまとめ〕
　不運とは最悪と思われる時に襲ってくるようで、残酷な運命を物語るものである。（**37字**）

2 パラグラフ

解法の手順

(1) [They are] Perfect examples of cruel fate.
　❶Or are (they) [perfect examples of cruel fate]?〈テーマ提起〉
　（いや本当にそうであろうか）
　⟶ ❷Psychologists who study (unfortunate incidents like these) now believe that in many instances, (they) may be carefully arranged schemes of the subconscious mind.〈第1文の答え〉
　（このような不運な出来事を研究している心理学者たちの現在の考えによると、多くの場合、これらは潜在意識が用意周到に作り上げたくらみである可能性があるというのだ）

　第1文の疑問文"Or are they?"によって、第①パラグラフで提起した一般論に対する疑問が提示される。その答えが第2文以降で展開される。第2文は"Psychologists who 〜 now believe that 〜"のスタイルから、権威者の考えを引用することによって、書き手の主張を打ち出す構成になっていることがわかる。権威者の考えは Discourse Marker。また、第1文の they〈旧情報〉が第2文の unfortunate incidents like these, they に表現リレーされている〈平行型の情報展開〉ことにも注目する。

ミクロの視点

❶Bad luck 〜 strike (at the worst possible moment).
⟶❷(A man about to interview for his dream job) gets stuck in traffic.
　（理想的な仕事に就くためにこれから面接を受けようとしている人が交通渋滞で動けなくなってしまう）
⟶❸(A law student taking her final exam) wakes up with a blinding headache.
　（最終試験を受けようとしている法学部の学生が目を覚ますと、目もくらむような頭痛がする）
⟶❹(A runner) twists his ankle minutes before a big race.
　（大レースの直前に、ランナーが足首を捻挫する）
⟶❺[They] are] Perfect examples of cruel fate.
　〈2文+3文+4文〉
　（これらは残酷な運命を物語る申し分のない事例である）

Part II 大意要約

⟶ Or are (they) [perfect examples of cruel fate]?
〈語の重複を避けるための省略〉
(いや、本当にそうであろうか)
⟶unfortunate incidents like (these) (このような不運な出来事)

(2) ❷[That is] ❸People often engage in a form of self-defeating behaviour known as self-handicapping — or, in simple terms, excuse-making.
(人間は self-handicapping、すなわち平易な言葉で言えば、言い訳作りとして知られているある種の自滅的な行動をとる場合が多いのである)

　第3文では、この要約問題の key word "self-handicapping" が登場する。第2文をまとめた言い換えの文であり、第2文と第3文は等しい関係にある。第3文の前には、連結語で Discourse Marker の that is が潜在する。

ミクロの視点

❷(carefully arranged schemes) of the subconscious mind
(潜在意識が用意周到に作り上げたたくらみ)
⟹❸(a form of self-defeating behaviour) known as (self-handicapping) — /or\, in simple terms, (excuse-making)
　　　　　　　　　　　　　　　　　　　　　　　　　M₁
〈後置の過去分詞句が前の名詞を修飾〉
〈or (すなわち) は言い換えで、self-handicapping = excuse-making〉
(self-handicapping すなわち、平易な言葉で言えば、言い訳作りとして知られているある種の自滅的な行動)〈表現リレー〉

(3) ❸[And] ❹It's a simple process: by taking on a heavy handicap, a person makes it more likely that he or she will fail at an endeavour.
(この手順は単純だ。つまり、人は重いハンディキャップを背負うことによって自分の努力が失敗する可能性をより高めるのである)

　第3文で提起した新情報 "(a form of self-defeating behaviour) known as (self-handicapping) — or, 〜 (excuse-making)" が第4文の旧情報 "It" に受け継がれて、その説明が展開されている〈ジグザグ型の情報展開〉。第4文は第3文の別種の追加文であり、"It is 〜" というスタイルからも、self-handicapping を定義づけた重要な文であることに気がつく。第4文の前には、連結語で追加の Discourse

Marker の And が潜在する。

> ミクロの視点

❸ a form of self-defeating behaviour known as self-handicapping — or, in simple terms, excuse-making

(self-handicapping、すなわち平易な言葉で言えば、言い訳作りとして知られるある種の自滅的な行動)

→ ❹ it
→ ❹ by taking on a heavy handicap, a person makes it more likely that he or she will fail at an endeavour
　　　　　　M₂　　　　　　　　　　S　　　V　　O　　C

⟨it は that 以下を指す形式目的語⟩
⟨make + O + C ⟨形⟩ の第5文型⟩

(重いハンディを背負うことによって、自分の努力が失敗する可能性を高めるのである)

注目　S + V + it + C ⟨形／前置詞句／分詞／名詞⟩ + that ～／to ～
　⟹　形式目的語は通常第5文型のスタイルで使われる

注目　「一般の人」を表す a person は he or she か they で受ける

(4)　❶ [And] ❺ Though it seems like a crazy thing to do, it is actually a clever trick of the mind, one that sets up a difficult situation which allows a person to save face when he or she does fail.

(こういうことをするのは狂気じみたことのように思われるが、これは実は潜在意識が巧妙に作り上げた手口なのだ。困難な状況を用意し、そのことによって、いざ失敗したときに面目を保つことができる巧妙な手口なのである)

　第5文は第4文の"self-handicapping"の定義づけに続く、さらなる別種の追加文である。第5文の前には連結語で追加の Discourse Marker の And が潜在。Though で導かれる譲歩節はヨワク、主文がツヨイ。主文の"It is actually C"のスタイル ⟨be 動詞は定義／actually は強意語を表す⟩ に注目する。また、**A and B** の追加文では、別種の追加の場合は **A**、**B** ともにツヨイ文であり、同種の追加の場合は **A**、**B** のどちらか一方がツヨイ文であることを再確認しておこう。

Part II 大意要約

ミクロの視点

❺a clever (trick) of the mind（潜在意識が巧妙に作り上げた手口）
⟶ (one) (that) sets up (a difficult situation) which allows a person to save face
　　　　　　　　V　　　O　　　　　　　⟶　V　　　O　　　　C
when he or she does fail)
（困難な状況を用意し、そのことによっていざ失敗したときに面目を保つことができる巧妙な手口）

注目　carefully arranged schemes (of the subconscious mind)
　　　　（潜在意識が用意周到に作り上げたたくらみ）
　　　⟹ a clever trick (of the mind)〈表現リレー〉
　　　　（潜在意識が巧妙に作り上げた手口）

注目　(無生物主語) allow (O) to ―（～ために、～は―できる）
　　　〈→原因のMに還元〉　V　〈→S〉　C

注目　save face（顔をつぶさない、面目を保つ）

注目　強意の助動詞 do（本当に、実際）
　　※ ┌ I do think so.（本当にそう思う）
　　　 │ When he does speak, he speaks to the purpose.
　　　 └ （いざ話すと、彼は適切な話をする）

マクロの視点

❶**Or are they?** ❷**Psychologists** who study unfortunate incidents like these **now believe that** in many instances, they may be carefully arranged schemes of the subconscious mind. [**That is**] ❸People often engage in a form of self-defeating behaviour known as **self-handicapping** — or, in simple terms, excuse-making. [**And**] ❹It's a simple process: by taking on a heavy handicap, a person makes it more likely that he or she will fail at an endeavour. [**And**] ❺**Though** it seems like a crazy thing to do, it is **actually** a clever trick of the mind, one that sets up a difficult situation which allows a person to save face when he or she does fail.

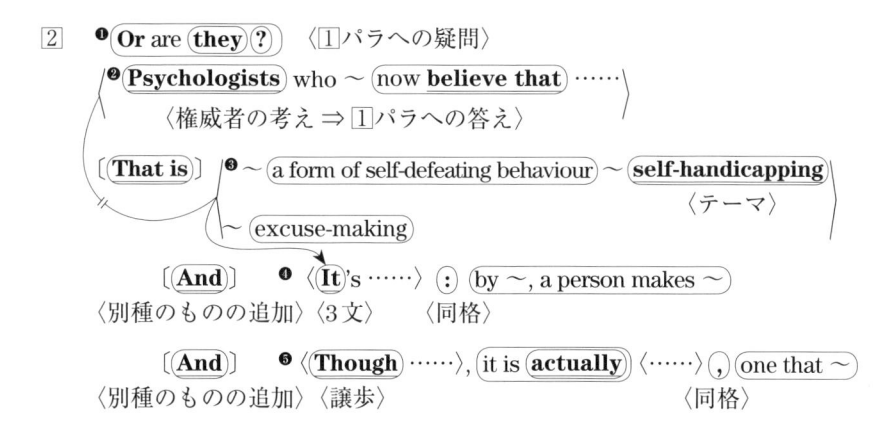

2　❶⟨Or are they?⟩　〈①パラへの疑問〉
　　❷⟨Psychologists who 〜 now believe that ……⟩
　　　　〈権威者の考え ⇒ ①パラへの答え〉
　　〔That is〕❸〜 a form of self-defeating behaviour 〜 self-handicapping
　　　　　　　　　　　　　　　　　　　　　　　　　　　　〈テーマ〉
　　　　　　　〜 excuse-making
　　〔And〕❹〈It's ……〉 : by 〜, a person makes 〜
　〈別種のものの追加〉〈3文〉　〈同格〉
　　〔And〕❺〈Though ……〉, it is actually 〈……〉, one that 〜
　〈別種のものの追加〉〈譲歩〉　　　　　　　　　　〈同格〉

　第1文の疑問に対する答えが第2文であり、それを端的に言い換えた文が第3文〈この文章の key word "self-handicapping" が存在〉である。その定義づけの説明が第4文で展開され、第4文のコロン〈言い換え〉以下にその明確な内容が記述されている。また、第5文は第4文に対する別種の追加であり、Though による譲歩のスタイルをとっている。したがって、第3文と第4文のコロン以下、および第5文の主文がツヨイ。

[②パラグラフのまとめ]
　重いハンディを自分に課すことで失敗の可能性を高め、失敗したときに面目を保つことができる口実作りである。(**50字**)

③パラグラフ

解法の手順

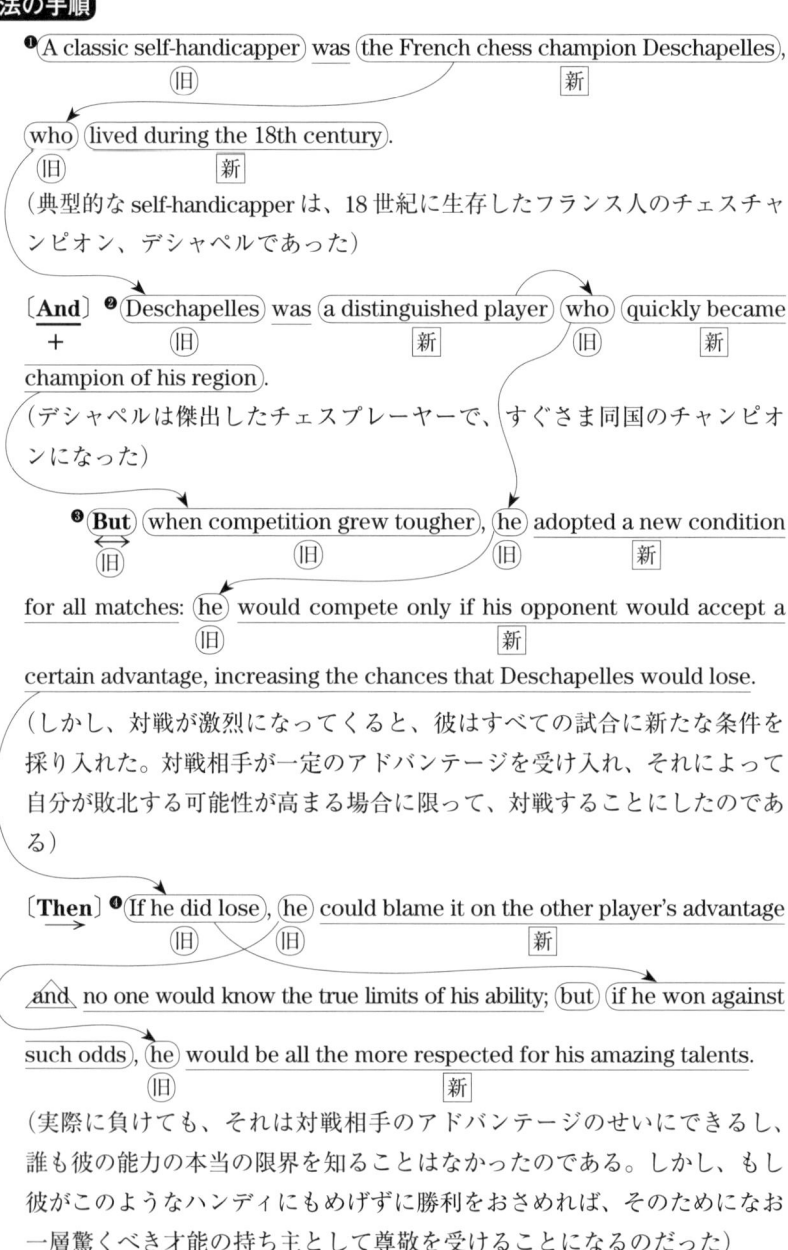

❶A classic self-handicapper was the French chess champion Deschapelles, who lived during the 18th century.
(典型的な self-handicapper は、18世紀に生存したフランス人のチェスチャンピオン、デシャペルであった)

[And] ❷Deschapelles was a distinguished player who quickly became champion of his region.
(デシャペルは傑出したチェスプレーヤーで、すぐさま同国のチャンピオンになった)

❸But when competition grew tougher, he adopted a new condition for all matches: he would compete only if his opponent would accept a certain advantage, increasing the chances that Deschapelles would lose.
(しかし、対戦が激烈になってくると、彼はすべての試合に新たな条件を採り入れた。対戦相手が一定のアドバンテージを受け入れ、それによって自分が敗北する可能性が高まる場合に限って、対戦することにしたのである)

[Then] ❹If he did lose, he could blame it on the other player's advantage and no one would know the true limits of his ability; but if he won against such odds, he would be all the more respected for his amazing talents.
(実際に負けても、それは対戦相手のアドバンテージのせいにできるし、誰も彼の能力の本当の限界を知ることはなかったのである。しかし、もし彼がこのようなハンディにもめげずに勝利をおさめれば、そのためになお一層驚くべき才能の持ち主として尊敬を受けることになるのだった)

第 1 文の冒頭部 "A classic self-handicapper" は第②パラグラフの第 3 文＋第 4 文＋第 5 文の中心テーマ self-handicapping〈＝excuse-making〉を受け継ぐ旧情報であり、「典型的な self-handicapper」という意味から、第②パラグラフの具体例であることが判明する。classic（典型的な、典型的なもの）は具体例を表す Discourse Marker であることに注目。そして第 1 文の新情報 "the French chess champion Deschapelles" の説明が第 2 文から第 4 文までで展開されるといった構成である。

第③パラグラフはヨワイパラグラフ。

ちなみに、第③パラグラフ内部の文関係は、〔第 1 文＋第 2 文〕〈1 つのかたまりの文とみなす〉と第 3 文は逆接関係〈But に着目〉であり、第 4 文は第 3 文の発展的な説明で、追加関係となっている。

ミクロの視点

① ❸a certain advantage, increasing the chances that S would lose 〈同格〉
（～が負ける可能性を高める一定のアドバンテージ）
　⇒ ❹the other player's advantage
　⇒ ❹such odds（このような不利な条件（ハンディキャップ））
　〈表現リレー〉

② ❹If ～, he would be all the more respected for —
〈理由が潜在〉
（（～すれば）、彼は（そのために）—としてなお一層尊敬を受けることになるのだ）

注目　the 比較級　｜理由の接続詞〈because / since / as — など〉
　　　＝　　　　　｜理由の前置詞〈for / because of / on account of
　　to that extent　｜　　　　　　　　　　　　　　　　　— など〉
　　（それだけ、　　｜理由の分詞構文〈—ing など〉
　　かえって）
（—ためにそれだけ～）
　⇒ 理由の内容が if 節とか無生物主語に潜在する場合がある。"all the 比" のスタイルをとると強め（…ためになお一層～）
　※ I love him all the better for his faults.
　（彼は欠点があるからかえって好きだ）

Part II　大意要約

マクロの視点

> ❶A **classic** self-handicapper was the French chess champion Deschapelles, who lived during the 18th century. 〔**And**〕❷Deschapelles was a distinguished player who quickly became champion of his region. ❸**But** when competition grew tougher, he adopted a new condition for all matches: he would compete only if his opponent would accept a certain advantage, increasing the chances that Deschapelles would lose. 〔**Then**〕❹If he did lose, he could blame it on the other player's advantage and no one would know the true limits of his ability; but if he won against such odds, he would be all the more respected for his amazing talents.

〈3〉　❶A **classic** self-handicapper was 〜 〔And〕❷〜 ❸But 〜 〔Then〕❹〜
〈具体例〉

[3パラグラフのまとめ]

　典型的な例がフランスのチェスのチャンピオンデシャペルで、対戦相手にアドバンテージを与えることで、自分が負けても、そのせいにできるようにした。（**70字**）

4パラグラフ

解法の手順

(1)　❶**Not surprisingly,** the people most likely to become habitual excuse-makers are those too eager for success.
（驚くにあたらないのであるが、いつも言い訳するようになる可能性が最も高い人間は成功願望の強すぎる人々である）

〔**And**〕❷Such people are so afraid of being labeled a failure at anything that they constantly develop one handicap or another in order to explain away failure.
（そういう人々は、どんなことにでも、落伍者のレッテルを貼られることを恐れるあまり、失敗の言い抜けをするために絶えず何らかのハンディを考え出すのである）

　第1文は、Discourse Marker である文修飾の副詞 Not surprisingly から書き

手の主張を表す文であることが判明する。また主部の旧情報 "the people most likely to become habitual excuse-makers" が第②パラグラフの第3文＋第4文＋第5文の key word "self-handicapping" を受け継いでいることから、述部の新情報 "are C" は、第②パラグラフより続く別種の追加であることも判明する。

さらに、第2文も第1文の別種の追加であり、Such people は前文の "the people most likely to ～" を受け継ぐ旧情報である〈平行型の情報展開〉が、述部の新情報 "are C" は第②パラグラフの第5文の内容と等しいことに着目する。

したがって、第1文はツヨク第2文はヨワイ。

ミクロの視点

① ❶(Not surprisingly), S + P 〈文修飾の M_2〉

（驚くにはあたらないのであるが、～／～だが、それはもっともなことだ）

② ❶(the people) (most likely to become habitual excuse-makers) are (those) too eager for success 〈修飾句を伴った形容詞句が後置されて前の名詞を修飾〉
　S　　　　　　　　　　M_1　　　　　　　　　　　　　　　V　C　M_1

（いつも言い訳をするようになる可能性が最も高い人間は成功したいという願望が強すぎる人々である）

　注目　egaer for ～　（～をしきりに求めて、～を熱望して）

③ ❷they constantly develop (one) handicap (or another) in order to explain away failure

（失敗を弁明するために絶えず何らかのハンディを考え出す）

　注目　{ one 名 or another / some 名 or other }　（何らかの～）

(2) ❷〔And〕❸True, self-handicapping can be an effective way of coping with anxiety for success now and then, but, as researchers say, it makes you lose in the end.

（なるほど、self-handicapping は時として成功への不安に対処する有効な方法になり得るが、研究者の言うところによると、そういうことをしていれば、その人は結局は敗北することになる）

❹**Over the long run**, excuse-makers fail to live up to their true potential and lose the status they care so much about.
（長い目で見れば、言い訳をこしらえる人は、自分の本当の潜在能力に応えることができず、自分が非常に関心を持っている地位を失ってしまう）

　第3文は第2文に続く別種の追加である。self-handicapping は前文の such people から受け継がれた旧情報で両者とも主語であることに注目する。第3文の前には連結語で追加の Discourse Marker の And が潜在。そして第3文内の構成は、"True ..., but 〜" という譲歩構文であるから、but の前の文がヨワク、その後の文がツヨイ。but の後にある "as researchers say"（研究者の言うところでは）という権威者を表す Discourse Marker からも、書き手の主張を表すツヨイ文であることは明瞭である。なお、it は self-handicapping を受け継いだ旧情報。しかし、後続の第4文が連結語で結論の Discourse Marker である Over the long run（結局）によって、第3文を要約して述べているから第4文の方がツヨイことが判明する。

ミクロの視点

① ❸True / It is true that / Indeed / Certainly / Surely ……, but 〜
　（なるほど……だが、〜）

② ❸(self-handicapping) can be an effective way (of) 〜ing now and then
　（self-handicapping は時として〜する効果的な方法になり得る）
　⇔　(it) makes (you) lose in the end
　　〈S→M₂〉　V　〈O→S〉　C
　（そういうことをしていれば、その人は結局敗北することになる）

③ ❹live up to 〜（〜に添う、〜に応える）
　※ live up to one's expectation（人の期待に応える）

④ ❶the people most likely to become habitual excuse-makers
　⇒ ❷Such people
　⇒ ❸self-handicapping
　⇒ ❸it
　⇒ ❹excuse-makers
　⇒ ❺they

⟹ 旧情報の平行移動による情報展開に着目する。

(3) ❹+❺**And** despite their protests to the contrary, they have only themselves to blame.
（しかも、自分には非はないと言い張っても、責めを負うのは自分しかないのである）

第5文も連結語Andにより、第4文に続く追加文であることがわかる。despiteに導かれる前置詞句は譲歩を表すから、主文の"they have only themselves to blame"がツヨイ文である。この内容は第4文とは別種のもので、第4文と第5文は別種の情報を補う追加関係である。

ミクロの視点

① ❺to the contrary
（それと反対に（の）、そうでないとの）

② ❺have only oneself to blame
（責めを負うのは自分しかいない、悪いのは当の本人だけだ）

マクロの視点

❶**Not surprisingly**, the people most likely to become habitual excuse-makers are those too eager for success.〔**And**〕❷Such people are so afraid of being labeled a failure at anything that they constantly develop one handicap or another in order to explain away failure.〔**And**〕❸**True**, self-handicapping can be an effective way of coping with anxiety for success now and then, **but**, **as researchers say**, it makes you lose in the end. ❹**Over the long run**, excuse-makers fail to live up to their true potential and lose the status they care so much about. ❺**And despite** their protests to the contrary, they have only themselves to blame.

4 1 **Not surprisingly**, 2 パラ are ～
〈文修飾の M_2 →主張〉

〔**And**〕〈2 ……〉 ⇒ ②パラと同じ

3 〈**True**, self-handicapping ……〉, **but** 〈**as researchers say**〉, 〈～〉
　　　　　　　　　　　　　　　　　　　　　〈権威者の発言〉

4 **Over the long run**, excuse-makers ～ **and** 3 文の but 以下
　　〈まとめ〉

5 **And**　　　　　〈**despite** ……〉, they ～
〈別種のものの追加〉　〈譲歩〉

　第 1 文は、Discourse Marker の文修飾の副詞 Not surprisingly によりツヨイ。

　第 2 文は第 1 文の別種の追加だが、②パラグラフの第 5 文と同じ内容であるからヨワイ。

　第 3 文の but 以下は権威者の発言でもあり、譲歩の後の文であるからこの文の中ではツヨイが、後続の第 4 文の冒頭部に結論の Discourse Marker "Over the long run" があることから、第 3 文はヨワク第 4 文がツヨイ。

　第 5 文は連結語 And により、第 4 文に対する別種の追加であり、譲歩の Discourse Marker の despite があるから、主文の they 以下がツヨイ。

〔④パラグラフのまとめ〕

　成功への欲求が強すぎる人に見られる行為で、潜在能力も発揮できず結局失敗に終わるが、責めを負うのは自分しかいない。(56 字)

(解答のまとめ)

(大マクロの視点)

〈①〉〔**But**〕②〔**For example**〕〈③〉〔**And**〕④
　　↔　　　　　　　＝　　　　　　　＋

　第①パラグラフは一般論で、第②パラグラフはそれを打ち消す形で書き手の主張が展開される。第①パラグラフと第②パラグラフは逆接関係にあるから、第①パラグラフはヨワク、第②パラグラフはツヨイ。

　第③パラグラフは第②パラグラフの具体例であるからヨワイ。

　第④パラグラフは第②パラグラフと別種の関係であるから、ツヨイ。

　したがって、「②であり④である」という枠組みで要約する。

　"self-handicapping" を定義し、「self-handicapping とは」の後を解答としなくてはいけないから、第②パラグラフと第④パラグラフの self-handicapping の表

現リレーに再度着目しよう。

- 2: self-handicapping (= excuse-making)
  ⇒ It ⇒ it
- 4: the people most likely to become habitual excuse-makers
  ⇒ Such people ⇒ they ⇒ self-handicapping ⇒ it
  ⇒ excuse-makers ⇒ they ⇒ they

――― 要約問題 3 の解答 ―――

「**self-handicapping** とは」重いハンディを自分に課すことで失敗の可能性を高め、失敗しても面目を保てる口実作りで、成功欲の強すぎる人によく見られ、結局潜在能力を発揮できず失敗に終わるが、責めを負うのは自分しかいない行為である。(**97字**)

要約問題 4 〈5パラグラフの文章〉

次の英文を読み、その要旨を **150字以内**の日本文にまとめなさい。（ただし、解答は横書きとし、句読点も字数にいれるものとします。）

1　**❶**Americans tend to move from the specific and small to the general and large. **❷**We have just seen an example of this in the way that they progress from personal and local issues to the state and finally to the nation — not the other way around.

2　**❶**Many other people, including Russians, the French and most South Americans, tend to move the other way: it is more comfortable for them to start with a general or universal idea and then narrow it down to specific facts. **❷**The differences between these two approaches are subtle and usually unrecognized in daily life. **❸**Actually, however, it lies at the root of many everyday misunderstandings and irritations among people of different cultures.

3　**❶**Let us take as simple an example as the addressing of envelopes. **❷**Many who start with the general and move to the particular begin the address with the country; then they write the prefecture; then the city; the district of the city; and street; and finally the number of the actual house. **❸**In the United

States people start with the smallest item, namely the number of the house. ❹The address then moves on to the large divisions: the street, the town, the state, and finally the country.

④　❶This totally opposite approach to thinking affects many negotiations, plans, or attitudes, whether we recognize it or not. ❷If an Indian, a Thai, or a Mexican asks an American about an overall goal, a basic theory, or a principle, he often feels buried under detail in the answer he gets. ❸He is confused by a flood of statistics or a long description of *method* before he hears any overall purpose or plan. ❹People say, "Ask an American the time and he tells you how to build the clock!" ❺Americans, on the other hand, feel equally frustrated when they ask for a specific fact or detail but then are subjected to twenty minutes of theory, philosophy, or universality without a single concrete fact!

⑤　❶Neither of us can — or will want to — change our lifetime patterns of thought. ❷However, it may help us both if we recognize the possibilities of difference along these lines.

(長崎大学)

(訳は別冊 p. 8)

解説

◇1 パラグラフ◇

❶Americans tend to move from **X** to **Y**
（アメリカ人は **X** から **Y** へ進んで行く傾向がある）

= ❷We have just seen **an example of** (this)
　　S　　V　　　　　　　　　　〈第 1 文を受ける〉
in (the way) **that** they progress from **X** to **Y** and finally to **Y′**
　　M₂
— **not** the other way around.
（この実例を、彼らが **X** から **Y** へついには **Y′** へと進むのであって、その逆にはならないやり方に見てきたばかりである）

　第 2 文が第 1 文の具体的説明であることは、an example of this〈具体例を表す〉によって明らかである。第 2 文は第 1 文の具体例であるから、第 1 文はツヨク、第 2 文はヨワイ。

ミクロの視点

❷in (the way) **that** they progress from **X** to **Y** and finally to **Y′**
　　　　　　　〈関副〉　　　　　　　　　　〈B〉
— **not** the other way around
　　　　〈A〉
（**X** から **Y** へ、ついには **Y′** へと進むのであって、その逆にはならないやり方に）

注目　not **A** but **B**
　　　　→　**B**, 〔and〕 not **A**　→　**B** — not **A**

注目　the way that 〜　→　the way in which 〜　→　the way 〜（〜方法（様子、次第））

マクロの視点

❶Americans tend to move from the specific and small to the general and large. ❷We have just seen **an example of this** in the way that they progress from personal and local issues to the state and finally to the nation — not the other way around.

要約問題 4

1 (❶Americans tend to 〜) = 〈❷ ... **an example of this** ...〉 ⟹ 具体例
   〈テーマ **A**〉

第 1 文と第 2 文は等しい関係であり、第 2 文が具体例だから第 1 文がツヨイ。

〔1 パラグラフのまとめ〕
　アメリカ人は特定で小さなものから一般的で大きなものへと進んで行く傾向がある。(38 字)

◇2 パラグラフ◇

(1)　1 の❶ = ❷
　　　2 〔**But on the other hand**〕 ❶Many other people, including ..., tend to move the other way : it is more comfortable for them to start with Y and 〈**B**〉
then narrow it down to X

(…を含めて、他の多くの国民は逆の進み方をする傾向がある。つまり、彼らは Y から始めてその後でそれを狭めて X に至る方がしっくりくるのである)

第 1 パラグラフとの対比の第 1 文は 2 つの文から成り立っていて、：は同格を表している。

ミクロの視点

　　A: 1❶Americans ... move from **X** to **Y**
　⟹　1❷they progress from **X** to **Y**〈表現リレー〉
　　　　〈アメリカ人〈特定 ⟹ 一般〉〉
　⟺　B: 1❷the other way around
　⟹　2❶move the other way (逆の動きをする)
　⟹　2❶start with **Y** and then narrow it down to **X**〈表現リレー〉
　　　　(**Y** から始めてその後でそれを狭めて **X** に至る)
　　　　〈アメリカ人以外の国民〈一般 ⟹ 特定〉〉

(2)　❶〔**And**〕 ❷The differences between (these two approaches) are subtle and
　　　　＋
usually unrecognized in daily life.

Part II 大意要約

（このような２つの進み方の違いは微妙で、日常生活では通常気づかないものである）

第①パラグラフおよび第②パラグラフの第１文と並列関係にある第２文が続く。

(ミクロの視点)

(1) の (ミクロの視点) の **A + B** ⟹ ❷these two approaches

注目　this/these 名詞　⟹　前文のまとめ／前文の一部のまとめ／前の複数の文のまとめ

(3) ❷ **however**, ❸**Actually**, (it) lies at the root of (many everyday misunderstandings and irritations) among ～
　　　　　　　　　　　　　　　　　　　M₁
（実のところ、このことが～間の日常の多くの誤解や苛立ちの根底にあるのだ）

Discourse Marker の however によって、第２文と第３文は逆接関係になり、Discourse Marker の Actually によって第３文はますますツヨイ主張文となっている。

(ミクロの視点)

❷The differences between ～ life　⟶　❸it 〈前文を受ける〉
⟹　この関係より第２文は第３文の中に組み込まれている。

つまり、it は第２文を吸収しているのだ。

(マクロの視点)

> ② 〔**But on the other hand**〕❶Many other people, including Russians, the French and most South Americans, tend to move the other way: it is more comfortable for them to start with a general or universal idea and then narrow it down to specific facts. 〔**And**〕❷The differences between these two approaches are subtle and usually unrecognized in daily life. ❸**Actually, however**, it lies at the root of many everyday misunderstandings and irritations among people of different cultures.

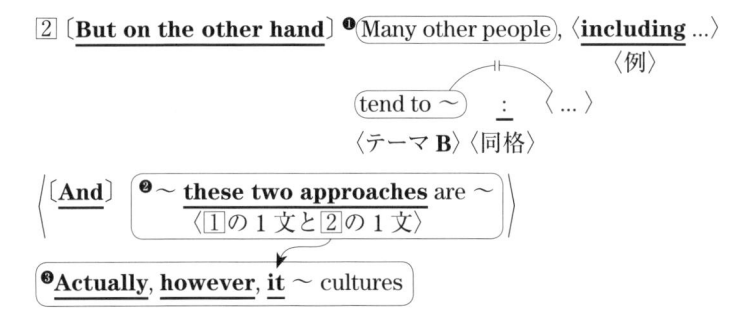

② [**But on the other hand**] ❶ Many other people, ⟨including ...⟩
⟨例⟩
tend to 〜 : ⟨ ... ⟩
⟨テーマ B⟩ ⟨同格⟩

⟨[**And**] ❷ 〜 **these two approaches** are 〜⟩
⟨①の1文と②の1文⟩

❸ **Actually**, however, **it** 〜 cultures

　第1文は第①パラグラフとの対比関係にあるからツヨイ。第2文は第1文との情報の内容が違う並列だが、第3文の強意語の Actually、第2文を受けつぐ it、そして逆接の Discourse Marker の however によって第2文はヨワク、第3文がツヨイ。

〔②パラグラフのまとめ〕
　アメリカ以外の国の人は逆の進み方、つまり、普遍的な考え方から特定の事実に至る。この両者の微妙で通常は気がつかない違いが、異なる文化に属する人々の間の誤解と苛立ちを生む原因となっている。(**92字**)

◇③パラグラフ◇

　❶ Let us take **as simple an example as** the addressing of envelopes.

　[**That is**] ❷ Many who start with **Y** and move to **X** begin the address with **Y**; then **X**

　[**On the other hand**] ❸ In the United States people start with **X**, namely **X′**

　[**And**] ❹ The address **then** moves on to **Y**

　(封筒の宛名書きといったような簡単な例をとりあげてみよう。Y から始めて X へと進む多くの国民は宛名書きを Y から始め、次に X へと移っていく。一方、アメリカでは X、すなわち X′ から書き始める。次に宛名書きは Y へと移っていく)

　第1文の take as simple an example as によって具体例が書かれることがわかる。第2文と〔第3文と第4文〕⟨第3文と第4文は1つのかたまりの文とみなす⟩は対比関係で、第2文から第4文までが第1文の言い換えになっている。

Part II 大意要約

ミクロの視点

❶as simple (an) example as ～（～ような簡単な例）
〈(a) simple example〉

注目 (as/how/so/too)＋形容詞＋(a)＋名詞
　　　　　　　〈(a)＋形容詞＋名詞〉
⟹「a＋形容詞＋名詞」がリズムの関係上「形容詞＋a＋名詞」になる。不定冠詞 a の位置に注意。

マクロの視点

❶Let us take **as simple an example as** the addressing of envelopes. 〔**That is**〕 ❷ Many who start with the general and move to the particular begin the address with the country; then they write the prefecture; then the city; the district of the city; and street ; and finally the number of the actual house. 〔**On the other hand**〕 ❸ In the United States people start with the smallest item, namely the number of the house. 〔**And**〕 ❹ The address then moves on to the large divisions : the street, the town, the state, and finally the country.

③　❶～ take **as simple an example as** ～
〔That is〕〈❷ B〔But on the other hand〕❸ A〔And〕❹... then A〉

　第2文と［第3文＋第4文］は対比関係であり、第2文から第4文〈1つのかたまりの文とみなす〉は第1文の言い換えであるから、第1文がツヨイ。

〔③パラグラフのまとめ〕
　AとBという2つの進み方の例は封筒の宛名書きに見られる。（**28字**）

◇④パラグラフ◇
　❶This totally opposite approach to thinking affects many negotiation, plans, or attitudes, whether ～ or not.
　（このようなまったく正反対の考え方は、～であろうがそうでなかろうが、多くの交渉とか計画とか態度に影響を及ぼしている）

〔**For example**〕 ❷If ..., he often feels buried under detail in (the answer)
　　＝　　　　　　　S　M₂　V　　　　　　　　　　C
　　　　　　　　　　　　　　　　　　　　　　　　　　　he gets.
　　　　　　　　　　　　　　　　　　　　　　　　　M₁〈関代〉節〉

〔**That is**〕 ❸(He) is confused by ～ or ... **before** he hears any overall purpose
　　　　　　　　or plan.

〔**Thus**〕 ❹People say, "—!"
　→

(…すると、受け取る答えの細かい項目に埋もれたような気分になることが多い。全体の目的とか計画を聞く前に～とか…に面食らってしまう。「—！」と言われるのだ)

on the other hand ❺(Americans) feel equally frustrated
　　　↔
when they ask for ～ **but** then are subjected to ...

(アメリカ人の方も～を尋ねているのに、その後で…を聞かされると、同じように不満感が残る)

　第1文の This totally ～ thinking〈旧情報〉は第③パラグラフをまとめており、譲歩の Discourse Marker の whether ～ or not があるから、主文がツヨイ。
　第2文と第3文は等しい関係であり、第4文は論理的帰結文。そして第2文・第3文・第4文〈1つのかたまりの文〉と第5文は対比関係であり、さらに第2文～第6文〈1つかたまりの文〉までは第1文の具体例となっている。

〔ミクロの視点〕

① ²❷～ are usually unrecognized in daily life
　⟹　⁴❶～ **whether** we recognized it **or not**　〈表現リレー〉
　(我々がそれを認めようが、認めまいが)

　〔注目〕 whether ～ or not
　　　　 a. 副詞節　⟹　「譲歩」を表す(～であろうとなかろうと)
　　　　 b. 名詞節　⟹　「疑問」を表す(～かどうか)

② ⁴❸is confused by ～ (～に途方にくれる、～に面食らう)
　⟹　⁴❺feel equally frustrated when ～ (～すると同じように不満感が残る／後味が悪い)〈表現リレー〉

③ ⁴❺hears 〜
　⇒ ⁴❺are subjected to 〜（〜を聞かされる）〈表現リレー〉

④ ┌ X: ¹❶the specific and small ⇒ ¹❷personal and local issues
　│　　⇒ ²❶specific facts ⇒ ³❶the particular ⇒ ³❶the smallest item
　│　　⇒ ³❸ the number of the house ⇒ ⁴❷detail
　│　　⇒ ⁴❸a flood of statistics or a long description of *method*
　│　　⇒ ⁴❶how to build the clock ⇒ ⁴❺a specific fact or detail
　│　　⇒ ⁴❻a single concrete fact
　│ Y: ¹❶the general and large ⇒ ¹❷the state and ... the nation
　│　　⇒ ²❶a general or universal idea ⇒ ³❷the general
　│　　⇒ ³❷the country
　│　　⇒ ⁴❷an overall goal, a basic theory, or a principle
　│　　⇒ ⁴❶any overall purpose or plan ⇒ ⁴❶the time
　└　　⇒ ⁴❻theory, philosophy, or universality

第①パラグラフから第④パラグラフまでの以上の〈表現リレー〉が判明する。

マクロの視点

> ❶**This totally opposite approach to thinking** affects many negotiations, plans, or attitudes, **whether** we recognize it **or not**. ❷[**For example**] If an Indian, a Thai, or a Mexican asks an American about an overall goal, a basic theory, or a principle, he often feels buried under detail in the answer he gets. ❸[**That is**] He is confused by a flood of statistics or a long description of *method* before he hears any overall purpose or plan. ❹[**Thus**] People say, "Ask an American the time and he tells you how to build the clock!" ❺Americans, **on the other hand**, feel equally frustrated when they ask for a specific fact or detail but then are subjected to twenty minutes of theory, philosophy, or universality without a single concrete fact!

要約問題4

④ ❶<u>This totally opposite approach to thinking 〜</u>, 〈<u>whether</u> ... <u>or</u> not〉.
　　　　〈③パラグラフを吸収〉　　　　　　　　　〈譲歩〉

[For example] ❷B [That is] ❸B [Thus] ❹B
　　　　　　　❺..., on the other hand, A　⇒具体例

　whether ... or not が譲歩を表す Discourse Marker だから、第1文の主文はツヨイ。第2文〜第5文〈1つのかたまりの文〉までは第1文の具体例だからヨワイ。

[④パラグラフのまとめ]
　この正反対の2つの考え方〈A＋B〉が多くの交渉や計画に影響を及ぼしている。(37字)

◇⑤パラグラフ◇
　❶Neither of us can ─ **or** will want to ─ change our lifetime patterns of thought. 〈共通構文〉
　(我々はどちらも長年の思考形態を変えることはできない、いや、変えるつもりはない)

　However ❷it may help us both 〈if we recognize the possibilities of difference along these lines〉.
　(しかしながら、この種の考え方の違いがあり得ることを認めれば、双方の役に立つであろう)

　第1文と第2文は逆接関係である。

[ミクロの視点]
① ⑤❷it may help us both if 〜
　⇒ it は条件の副詞節 if 以下を指す
　(〜ならば、そのことは双方の役に立つであろう)

　　注目　①❶Americans ＋ ②❶Many other people
　　　⇒ ⑤❷us both 〈表現リレー〉

123

Part II　大意要約

② ⁵❷the possibilities (of difference along these lines)　〈名詞構文〉
　　　　　P′　　　　　　　　　　S′
〈→ difference along these lines is possible〉
(この種の考え方の違いが有り得ること)

　　注目　²❷The differences between (these) two approaches　〈A＋B〉
　　　⟹　⁴❶This totally opposite approach to thinking　〈A＋B〉
　　　⟹　⁵❷difference (along these lines)　〈A＋B〉〈表現リレー〉
　　　(この種の考え方の違い)
　　　※ along these lines は「この種の」の意味である。

(マクロの視点)

> ❶Neither of us can — or will want to — change our lifetime patterns of thought. ❷However, it may help us both if we recognize the possibilities of difference along these lines.

⑤　〈❶ ...〉　(❷**However**, **it** may help us both **if** ～)

Discourse Marker の However により第 1 文と第 2 文は逆接関係だから、第 1 文はヨワク、第 2 文はツヨイ。

〔⑤パラグラフのまとめ〕
　双方の考え方の違いがあり得ることを認識すれば、役立つであろう。(**31 字**)

(解答のまとめ)

(大マクロの視点)

　　① [**But on the other hand**] ② [**For example**] 〈③〉 [**And**] ④
　　[**Therefore**] ⑤

　第①パラグラフと第②パラグラフは対比関係であるから、両方ともツヨイ。
　第③パラグラフは第②パラグラフの具体例だからヨワク、第④パラグラフは第②パラグラフの別種の追加関係であるからツヨイ。
　第⑤パラグラフは第①パラグラフ＋第②パラグラフ＋第④パラグラフと因果

関係にあるから、ツヨイ。

したがって、「①だが、一方②であり、④。したがって⑤」という枠組みで要約する。

要約問題4の解答

　アメリカ人の思考は特定で小さなものから一般的で大きなものに進む傾向があるが、他国の人の多くはその逆である。この両者の違いが、異なる文化を持つ人々の間の誤解を生む原因であり、交渉と態度などに影響を及ぼしている。したがって、このような考え方の違いがあり得ることを認識すれば、双方にとって役に立つであろう。（**150字**）

Part III　読解総合

　大学入試の読解総合問題の形式は多岐にわたっている。内容一致不一致、空所補充〈語／語句／節／文／パラグラフ〉、代名詞指摘、下線部同義語指摘、下線部内容説明〈語／語句／節／文〉、下線部和訳、パラグラフ整序、大意要約、タイトル判定などである。もちろん、純然たる語彙力、文法構文力を問う問題もあるが、合否の分かれ目となるレベルの高い問題の多くは文脈を考えて解くものである。

　文脈を考えるとは、Part I と Part II でも検証してきたように、ミクロの視点〈語句・文法構文レベルの読解〉に立脚しながらも、マクロの視点を駆使することによって、パラグラフ内部の展開、パラグラフ間の展開にスポットを当てることであった。

　ここで、『マクロの視点』について再確認しておきたいことが2点ある。

　1つは、**文と文をつなぐ連結語**によって、**文と文の関係に着目**することである。そして、(1) A＝B〈等しい関係〉(2) A＋B〈追加関係〉(3) A↔B〈対立関係〉(4) A→B〈因果関係〉(5) A→B〈結論関係〉の5通りの関係は、**(1) A＝B〈等しい関係〉(2) A↔B〈対立関係〉(3) A→B〈因果関係〉**の3通りに絞られる。なぜならば、結論関係はA→Bに、また、同種の追加関係はA＝B、別種の追加関係はA↔Bに組み込まれる場合が多いからである。

　また今1つは**情報展開**である。「旧情報＋新情報」の「旧情報」は直前の文の「旧情報」を受け継ぐ〈平行型〉か、直前の文の「新情報」を受け継ぐ〈ジグザグ型〉ことは提示してきた。さらに付け加えたいのは、「旧情報」が直前の文全体「旧情報＋新情報」を受け継ぐ〈一種の平行型とジグザグ型の混合〉ことと、それ以前の文の「旧情報」か「新情報」か「旧情報＋新情報」を受け継ぐことがある点である。つまり、旧情報には6通りの受け継ぎがあることに着目する。

　それでは、ミクロの視点とマクロの視点を総動員することで、以下の読解総合問題に対する「見方」「考え方」「解き方」を明示する。

総合問題 *1*

次の文に即して、問いに答えよ。文中で＊を付した語については、本文の下に注が与えられている。

1　❶Adult education includes all experiences that help mature men and women acquire new knowledge, understandings, skills, attitudes, interests, or values. ❷It includes practically all life experiences, individual or group, that result in learning: reading books, listening to music, talking with people, and even learning from the daily experiences of family life and work. ❸The phrase "adult education" is used to mean planned or organized activities carried on by adults for the purpose of self-improvement. ❹It includes organized classes, study groups, lecture series, planned reading programs, systematic discussions, and similar activities.

2　❶In more recent years, the term "continuing education" has been widely used. ❷While "adult education" and "continuing education" are often used interchangeably*, there is a difference in emphasis. ❸Adult education is a broader term, including kinds of educational activity that are primarily remedial* — helping people acquire literacy* — as well as continuing education. ❹On the other hand the continuing education suggests a formal education activity that could not be carried on at an earlier age. ❺ For example, part-time courses in business methods for office workers are included in continuing education. ❻ Students in such courses have probably completed high school or other education.

③　❶ As one of the fastest-growing movements in modern society, adult education might be called the educational frontier of the 20th century. ❷ Several forces have worked together to make adult education a significant factor in modern social progress. ❸ Perhaps the foremost is the increased pace of change. ❹ Changes in technological processes, in communications, in knowledge, in social organization, and in patterns of living are so frequent and continuous that modern man must constantly learn new ideas, new facts, new skills, and new attitudes in order to keep up with the progress of society. ❺ Another force in the advancement of adult education is the rising proportion of older people in the population. ❻ These older people have time for informal and formal study, and many of them are interested in learning new skills and meeting new ideas. ❼ A third force is the shortened work week, which provides leisure hours in which adults below retirement* age can pursue cultural interests. ❽ Still another force is what has been called the "third communication revolution," as shown in radio, television, inexpensive newspapers, paperback books, weekly magazines, and other media that bring world events and great ideas into the common man's living room.

 interchangeably: in such a way that one can be used in place of the other
 remedial: correcting some fault or repairing some defect
 literacy: ability to read and write
 retirement: stopping working at one's job, profession, etc., usually because of age

問1　段落①の4つの文❶〜❹は、次の a、b、c、d、e の句のどれかで始めると、意味がいっそう明確になる。それぞれどれが適当か、記号で答えよ。1つの句を2度以上用いてもよい。

 a. In this sense
 b. In a certain sense
 c. In a different sense
 d. In its broadest meaning
 e. In a more technical sense

問2　"adult education" と "continuing education" の違いについて、句読点を含めて70〜100字の日本語で説明せよ。

問3　"adult education" が重要になってきた4つの要因のそれぞれについて、句読点を含めて20〜40字の日本語で説明せよ。

（京都府立医科大学）

（訳は別冊 p. 10）

解　説

問1　解法の手順

(1) 第[1]パラグラフの4つの文の前に **a〜e** のどの副詞句を置いたらよいかという問題だが、注目すべきなのは、5つの選択肢が一種の連結語〈旧情報〉かつ Discourse Marker となっていて、以下のことが判明する点である。

- **a.** In (this sense)（この意味において）
  - ⟹ **this sense** は前文の内容をまとめて受け継ぐ〈前文＝a〉
    - 注目　A．(In this sense) B（A。この意味において B）
      - ⟹「A≒B」を表す

- **b.** In a certain sense（ある意味では）⇒漠然としている

- **c.** In (a different sense)（違った意味では）
  - ⟹ **different** は前文との逆接関係を表す〈前文 ⟷ c〉
    - 注目　(A) is different from／differ from (B)（A は B と異なる）
      - （A ⟷ B〈対立関係〉）

- **d.** In (its broadest meaning)（その最も広い意味において）
  - ⟹ { **its** は前文の単数名詞あるいは前文全体を受ける
       broadest より以下の文は、普遍的な大きなかたまり }

- **e.** In (a more technical sense)（もっと専門的な意味において）
  - ⟹ { **more** は、前文との比較の文が続くことを表す
       technical より以下の文は、特殊な限られたかたまり }
    - 〈d＞e〉

　以上の考察により、最初の文の文頭にくる M_2 としては、**a**: In this sense　**c**: In a different sense　**d**: In its broadest meaning　**e**: In a more technical sense という前文と何らかの関係を示す旧情報は不適当であるから、第1文にふさわしい副詞句は **b**: In a certain sense であることがわかる。

(2)　❶(Adult education) includes 　A
　　⟹　❷(It) includes 　B
　　⟹　❸(The phrase "adult education") is used to mean 　C
　　⟹　❹(It) includes 　D

第1文から第4文まで、旧情報の Adult education について、新情報Ⓐ、Ⓑ、Ⓒ、Ⓓの説明が展開する平行型の情報の流れになっている。
　ここで、Ⓐ、Ⓑ、Ⓒ、Ⓓの内容を考えてみよう。

　　成人教育＝Ⓐ： "all experiences that help mature men and women acquire new knowledge, understandings, skills, attitudes, interests, or values."
　　　　　　　　「成人した男女が新しい知識、知性、技術、意見、関心事、あるいは価値観を身につけるのに役立つあらゆる経験」
　　成人教育＝Ⓑ： "practically all life experiences, individual or group, that result in learning: reading books, listening to music, talking with people, and even learning from the daily experiences of family life and work." 「個人であれ、集団であれ、結局は学習につながるほとんどすべての人生経験、たとえば、本を読んだり、音楽を聴いたり、人と話をしたり、さらには家庭生活と仕事の日常経験から学ぶことである」
　　成人教育＝Ⓒ： "planned or organized activities carried on by adults for the purpose of self-improvement" 「自己を改善する目的で大人が再開、続行する計画的、ないしは、組織的活動」
　　成人教育＝Ⓓ： "organized classes, study groups, lecture series, planned reading programs, systematic discussions, and similar activities." 「体系だった授業、集団学習、連続講演、計画だった読書プログラム、組織的議論、そして同じような様々な活動」

　以上より、Ⓑの "practically all life experiences" "individual or group" とⒸの "planned or organized activities" "adults" に着目すれば、Ⓑの方が普遍的な事柄で、Ⓒは限られた事柄であるから、Ⓑ＞Ⓒの関係が判明する。また、Ⓒの "planned or organized" とⒹの "organized/planned/systematic" に着目すれば、Ⓒ＝Ⓓの関係が判明する。

　したがって、第2文の前に **d** の In its broadest meaning〈its は第1文〉が置かれる。
　第3文の前に **e** の In a more technical sense〈[than this] の省略／this は第2文〉が置かれる。
　第4文の前に **a** の In this sense〈this sense は第3文〉が置かれる。

(3) ミクロの視点

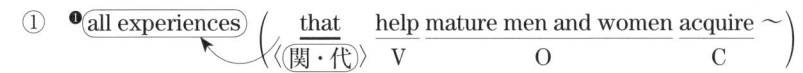

① ❶all experiences ← that [関・代] help mature men and women acquire ~
　　　　　　　　　　　　　　　V　　　　　O　　　　　　C

（成人した男女が〜を身につけるのに役立つあらゆる経験）

注目　help + O + [to] 原形　（〜が—するのを助ける）
　　　　　 V　　　　　　C　　　（〜が—するのを促進する）

　　cf. help [to] 原形　　　（—するのを助ける）
　　　　　V　　　　O　　　　（—するのを促進する）

② ❷practically all life experiences, **A** or **B**, that result in **X** : **X**′
　　　　　　　　　　　　　　　　　　　〈譲歩〉　〈関・代〉　　　〈同格〉

（**A** であれ、**B** であれ、結局は **X** に至る、つまり、**X**′ になるほとんどすべての人生経験）

注目
1. **A** or **B** 〈譲歩〉（**A** であれ **B** であれ）→ whether **A** or **B**
2. practically all 名 （ほとんどすべての〜）

③ ❷includes 〜（〜を含む）
　⇒ ❸is used to mean 〜（〜を指すのに使われる）〈表現リレー〉

④ ❸planned or organized activities carried on by adults for the purpose of 〜
　　　　　　　　　　　　　　　　　　　　　　　　M_1
　　　　　　　　　　　〈後置の過去分詞句が前の名詞を修飾〉

（〜の目的で大人が再開・続行する計画的、ないしは、組織的な活動）

⇒ ❶organized 〜／planned 〜／systematic 〜

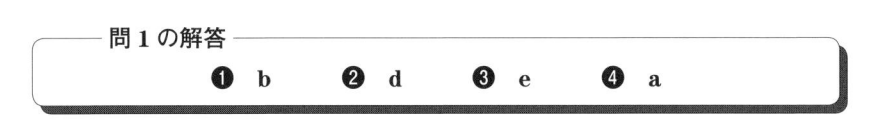

問 1 の解答
　　　❶ b　　❷ d　　❸ e　　❹ a

問 2 　解法の手順

「X について説明せよ」という問題は X に相当する箇所を本文中から発見し、その文を日本語訳して答える。

自分の表現を使うのは避けるべきである。

(1) 第②パラグラフでは、第1文と並列関係の第2文が続く。

❷<u>While</u> ("adult education") and ("continuing education") 〜, there is
　　　　　　⟨**A**⟩　　　　　　　　　　　⟨**B**⟩
(a difference) in emphasis.
(「成人教育」と「継続教育」は〜だが、強調する点で違いがある)

⟹　While = Although（〜けれども）の譲歩節によって、主節がツヨイ文。その主節の "there is a difference" により、「**A** ⟷ **B**」の逆接関係が判明するし、主文が**問2**の問いかけに合致する文である。

ここで、注目すべきは there 構文である。

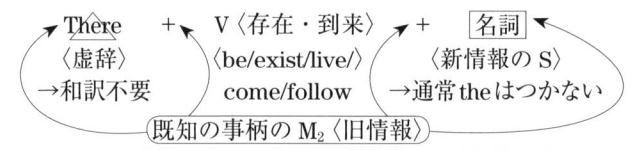

　There　　　＋　V⟨存在・到来⟩　＋　　名詞
　⟨虚辞⟩　　　　⟨be/exist/live/⟩　　　⟨新情報の S⟩
　→和訳不要　　　come/follow　　　　→通常 the はつかない
　　　　　　既知の事柄の M₂⟨旧情報⟩
　⟹　後続の文では概して新情報 S の説明が展開される

このスタイルでは、新情報 S を提示しているのであり、後続の文では概して新情報 S の説明が展開される。したがって、第3文以降に**A**と**B**の違いが記述されているから、第3文〜第6文が解答にあたる箇所となる。

(2) 第2文から第6文までの文関係を考えてみよう。

❷〔That is〕
　=
　　❸(Adult education) is a broader term, includ(ing) (kinds of educational
　　　　　S⟨**A**⟩　　　　　P　　　　　　V　　　　　　　O
　　activity) that are primarily remedial — helping people acquire literacy
　　　　　　⟨関・代⟩　　　　　　　　　　　⟨具体例⟩
⟨**A**⟩ — as well as (continuing education).
　　　　　　　　　　　O⟨**B**⟩
　　(成人教育の方が幅広い用語であって、それには継続教育はもちろん、
　　主として矯正教育といったような教育活動、たとえば、人が読み書
　　きの能力を身につけるのに役立つ教育活動も含まれる)

On the other hand
(これに反して)
　⟷　❹(the continuing education) suggests (a formal education activity) (that
　　　　　S⟨**B**⟩　　　　　　　　V　　　　　　　O　　　　　　　⟨関・代⟩
　　could not be carried on at an earlier age).

（継続教育は、若い年齢では続けることができないような、正規の教育活動のことである）

⟨B⟩ {
　❺<u>For example</u>, part-time courses in business methods
　　　＝
　for office workers are included in Ⓑ.
　（たとえばBにはサラリーマンの企業戦略において一日のうち一定の時間だけ行われる講習が含まれる）

　〔And〕 ❻Students in (such courses) have probably
　　＋　　　　　　　　　〈第5文吸収〉
　completed high school or other education.
　（この講習に出席する学生はおそらく高校かそれ以外の教育を終えたものであろう）
} ⟹ 具体例

⟹ マクロの視点

❷A ⟷ B 〈対比関係〉
That is ❸⟨A⟩ ⟷ ❹＝❺＋❻⟨B⟩

　⟨A⟩の説明は、第3文の1つの文で具体例も含めて定義づけしているのに対して、⟨B⟩の説明は、第4文で定義してから、第5文と第6文で具体例を記述するといった3つの文から構成されているが、この関係からもわかるように、第4文・第5文・第6文は1つのかたまりの文である。パラグラフ内部で、文は絶えず次の文へとバトンリレーのような自律運動を繰り返す、という点に着目しよう。

(3) ミクロの視点

⑤　❸Ⓐ is a broader term 〔than Ⓑ〕, including …
　　　　　　　　　　　　　〈省略〉　〈分詞構文〉
　（AはBよりも幅広い用語であって、…を含むのである）

⑥　❸Ⓐ includ(ing) Ⓧ — Ⓧ' — as well as Ⓑ
　　　　V　　O　　O　　　　　　O
　（Aは、Bはもちろん、X、たとえばX'をも含む）
　⇔　❹Ⓑ suggests 名詞 that V （Bは…〜のことだ）
　　　　　V　　　　O　　M₁
　⟹　❺〜 are included in Ⓑ （Bには〜が含まれる）

注目　1.　Ⓐ include ～
　　　⇒　Ⓑ suggests ～
　　　⇒　～ are included in Ⓑ 〈表現リレー〉
　　2.　**A**: is a broader term
　　　⇔　**B**: could not be carried on at an earlier age

以上の関係により、**A**は「どの時期でも続けられる」であり、**B**は「成人期しかできない」という内容であることが判明する。

⑦　❺part-time courses in ～　⇒　❻such courses 〈前文のまとめ〉

(4)　したがって、解答は、〈**A**〉の説明の第3文と〈**B**〉の説明の第4文＋第5文＋第6文を対比して和訳し、まとめることで得られる。

―― 問2の解答 ――
成人教育は読み書きなどの矯正教育のような教育活動のことで、生涯のどの時期でも行われる学習であるのに対し、継続教育は成人期にしかできない、企業内教育に代表される正規の教育活動である。(**90字**)

問3　解法の手順

(1)　まず、第③パラグラフの最初の展開を考えてみよう。

❶As ..., adult education might be called the educational frontier of the 20th century.（…として、成人教育は20世紀の教育の最先端と言えよう）
旧　　〈**A**〉　　　V　　　C
　　　　　　　　　　新

[And] ❷Several forces have worked together to make adult education a significant factor in modern social progress.
　＋　　　S　　　　　　　　　　　　→　V　　O〈**A**〉
　　　　　　　　　　　　　　　　　　　　　　　C
（いくつかの要因が互いに作用して、成人教育を現代社会の進歩における重要な要因にしている）

　⇒　第1文と第2文は追加関係であり、第2文が**問3**の問いかけになっている。

(2) 第2文に対して、以下の第3文〜第8文までの文関係である マクロの視点 を考えてみよう。

❷[That is]
　　=
　　　　　　　　　ⅰ
　　❸ Perhaps (the foremost) is (the increased pace of change).
　　　　　　　　　　　旧　　　　　　　　　　新
　　（おそらく第一の要因は変化の速度が増したことであろう）

　　　[That is] ❹ 「Changes in technological processes, in commu-
　　　　　=　　　　nications, in knowledge, in social organization,
　　　　　　　　　　and in patterns of living」 are so frequent and
　　　　　　　　　　continuous that S (must) constantly learn 〜
　　　　　　　　　　　　　　　　　　　　旧　　　　新
　　　　　　　　　　(in order to) keep up with ...
　　　　　　　　　　（科学技術の進歩、コミュニケーション、知識、
　　　　　　　　　　社会組織、また様々な生活様式における変化がき
　　　　　　　　　　わめて頻発し、続いて起こるので、Sは…に遅れ
　　　　　　　　　　ないでついて行くためには、絶えず〜を学ばなく
　　　　　　　　　　てはならない）

　　　　　　　　　ⅱ
　　❺ (Another force) in the advancement of (A) (is the rising propor-
　　　　　　　　　　　　　　　　　旧　　　　　　　　　　新
　　tion of older people in the population).

　　　　[And] ❻ (These older people) have time for 〜, and (many
　　　　　+　　　〈前文のまとめ〉(旧)　　　　新　　　　　(旧)
　　　　　　　　　of them) are interested in — and ...
　　　　　　　　　　　　　　　　　　　新
　　　　　　　　　　（Aを促進するもう1つの要因は、人口における
　　　　　　　　　　老人の比率が高まったことである。このような高
　　　　　　　　　　齢者には〜の時間があり、その多くは—と…に関
　　　　　　　　　　心を抱いている）

　　　　　　　　　ⅲ
　　❼ (A third force) is the shortened work week, which provides
　　　　(旧)　　　　　　　　　　　　　　　　　　　　　　S　　V
　　(leisure hours) in which 〜
　　　　O　　　　　　　　　　　　　新

Part III　読解総合

　　　　（第3の要因は一週の労働時間が短縮したことであり、それによって、〜余暇が生じる）

　　　　　　　　　　ⅳ
　　　❽<u>Still another force</u> is what has been called "the third com-
　　　　　　　旧　　　　　　　　　　　　　　　　　　　新
　　　munication revolution", <u>as shown in 〜</u>
　　　　　　　　　　　　　　　　　旧　　　新
　　　（さらにもう1つの要因は、「第三のコミュニケーション革命」と言われているものであり、それは〜に見られるものである）

⇒　第2文の Several forces を受け継いだ第3文以下の列挙の連結語で Discourse Marker の the foremost／Another force／A third force／Still another force〈旧情報〉に着目すれば、上記のように丸で囲んだ文全体が解答箇所であることが判明する。

　　すなわち、

ⅰ は2つの文より成り立っているが、第3文＝第4文の等しい関係であり、第4文で詳しい説明が展開されているから、第4文が解答箇所。

ⅱ は2つの文より成り立っており、第5文と第6文は追加関係であり、異なるものを結びつけているから、第5文と第6文が解答箇所。

ⅲ は1つの文だが、関係代名詞 which によって2文から成り立つと見ることもできる。第7文が解答箇所。

ⅳ は1つの文だが、接続詞 as によって2文から成り立つと見ることもできる。第8文が解答箇所。

(3)　ミクロの視点

⑧　❶As 〜, **A** might be called the educational frontier of the 20th century.
　　（〜として **A** は20世紀の教育の最先端と言えよう）
　⇒　❷make A a significant factor in 〜
　　（**A** を〜における重要な要因にしている）
　⇒　❺the advancement of **A**　〈表現リレー〉
　　（**A** を促進すること）

総合問題 1

⑨ ⎰ ❸the increased (pace of change)（変化の速度が増したこと）
　 ⎨ ❺the rising (proportion of older people)（老人の比率が高まったこと）
　 ⎱ ❼the shortened (work week)（1 週の労働時間が短縮したこと）
　　⟹　背後に文が潜在する名詞構文

⑩ ❹(must) constantly learn ～ (in order to) keep up with ―
　　〈義務〉　　　　　　　　　　〈目的〉
　（―に遅れないでついて行くためには、絶えず～を学ばなければならない）

　【注目】
　　　S ⎰ must / should / need to ～ ⎱ ＋ ⎧ to ―
　　　　⎱ be necessary / be essential ⎰ 　　⎪ in order to ―
　　　　　〈義務／必要〉　　　　　　　　　　⎨ so as to ―
　　　　　　　　　　　　　　　　　　　　　⎩ if S be to ―
　　　　　　　　　　　　　　　　　　　　　　〈目的〉

　　⎛ ―するためには、⎧ S は～しなければならない／～すべきだ／ ⎞
　　⎜　　　　　　　　⎨ 　～する必要がある　　　　　　　　　　⎟
　　⎝　　　　　　　　⎩ S が必要だ／欠くことができない　　　　⎠

⑪ ❼～, which provides (leisure hours) in which ―
　　　　　　V　　　　〈O→S〉　　　　M₁
　　and (it)
　〈無生物主語
　　→原因のM₂〉
　（～であり、それによって、―余暇が生じる）

⑫ ❽(the "third communication revolution,") as shown in ～
　（～に見られる「第三のコミュニケーション革命」）
　　⟶　（…、それは～に見られるものである）

　【注目】(名詞) ⎰ as S＋V〈S か O の前の名詞を指す代名詞が存在〉
　　　　　　　 ⎱ as〔it is／they are〕形容詞／過去分詞／前置詞句
　　⟹　接続詞の as が直前の名詞の概念を制限する。

　　〈例文〉　This is (my opinion) as distinguished from his.
　　　　　　（これは彼の意見とははっきりと異なった私の意見である）

―― 問3の解答 ――

ⅰ 技術や社会組織の頻発する変化により、新しい考え方や技術を身につける必要がある。(39字)

ⅱ 高齢者の増加により、新しい技術や考え方を学ぶ時間ができ、関心が高まっている。(38字)

ⅲ 労働時間の短縮により、定年退職前の人が文化活動を行う余暇が増えてきた。(35字)

ⅳ テレビなどのマスコミにより、普通の家庭に世界の出来事が提供されるようになった。(39字)

次の英文 (a)〜(f) について、下記の問いに答えなさい。

Can Electric Power Lines Cause Cancer?

(a) ❶This fog may finally start to clear because of a study done in Sweden, which looked at everyone who lived within 300m of a hightension line in Sweden from 1960 to '85. ❷Although the investigators could find no evidence of an increased cancer threat for adults, they did detect a higher risk of leukemia* in children. ❸The research did not prove cause and effect; it does, however, show an unmistakable correlation between the degree of exposure and the risk of childhood leukemia.

(b) ❶Numerous reports in the popular press have said that they can. ❷Frightened citizens have abandoned homes located close to high-tension wires; others have gone to court to keep the wires away. ❸The reason for this hysteria is a growing number of scientific studies which suggest that the risk of leukemia and other malignancies rises with exposure to electromagnetic fields, which are generated in varying degrees by all electrical devices from high-voltage power lines to hair dryers.

(c) ❶However, this report does have some weaknesses. ❷Childhood cancer is so rare that even such a large study was able to uncover only 142 cases. ❸In the highest exposure groups, the calculation for leukemia risk was based on as few as seven cases. ❹In addition, the Swedes found no increase in malignancies of the brain. ❺Up to this point the evidence had been stronger for brain tumors.

(d) ❶Until now the studies have been ambiguous. ❷Some of them have found an association with brain cancer but not leukemia in children. ❸Others have detected just the opposite.

(e) ❶One of the most telling results of the investigation, which encompassed nearly 500,000 people, was that cancer risk grew in proportion to the strength of the electromagnetic field. ❷Children with constant exposure to the weakest fields had the lowest incidence of cancer, while those exposed to the highest fields showed a fourfold increase in the risk of leukemia. ❸<u>Such a progression makes it difficult to argue that factors other than exposure to the electromagnetic field were responsible for the extra cases of leukemia.</u>

(f) ❶Reacting too hastily to scientific findings can in itself, of course, be hazardous to one's health. ❷As for electromagnetic radiation, prudence would suggest that the ideal location for a new day-care center is not next to city power lines. ❸For families, it might make more sense simply to shift a child's bed away from a power line rather than move the house.

leukemia: 白血病

問1　上記の英文は、(f)を除いて(a)～(e)は順序が入れ替わって並べられている。最もよく意味が通るように(a)～(e)を並べ換え、その順序を記号で答えなさい。

問2　(e)の中の下線部を日本語に訳しなさい。

問3　(f)の内容を70字から80字までの日本語に要約して書きなさい。句読点も1字に数えること。

(日本医科大学)

(訳は別冊 p. 11)

解　説

問1　パラグラフの整序問題は、**予行演習 2・3** の文整序の問題とアプローチは同じである。繰り返してきたが、パラグラフには1つの主張しか存在しない、つまり、パラグラフ全体の内容が1つの文に収束することになるから、結局、パラグラフとパラグラフの整序は文と文の整序と考えればよい。

解法の手順
(1) まず、それぞれのパラグラフの第1文の情報展開に注目する。
  (a)　(This fog) may (finally) start to clear M_2.
    ⟹　**This fog**(この霧)は前文のマイナスの内容を受け継ぐ旧情報の表現であり、**結論の Discourse Marker** の **finally** もあるから、第1パラグラフにはならない。
  (b)　～ have said that (they) (can)

⟹ they can の **they** は何か？ また、文が can で終わっていることから、直前の文の動詞句の省略に着目する。直前の文は「複数名詞 can V̲」だと予測がつく。

(c) (However), (this report) ～
⟹ **However** が前文との逆接関係を表す連結語であり、**this report** は前文を受け継ぐ旧情報の表現であるから、第1パラグラフにはならない。

(d) Until now (the studies) ～
⟹ **the studies** はそれ以下に後置修飾する M_1 の存在がないから、前文の **study** に関わる内容を受け継いだ、再登場の表現〈旧情報〉であることが判明する。したがって、第1パラグラフにはならない。

(e) ～ the investigation, which ..., was —
⟹ 関係代名詞 which は補足説明の挿入節であって、限定用法ではないから、**the investigation** は、前文の investigation の内容を受け継いだ、再登場の表現〈旧情報〉であることが判明する。したがって、第1パラグラフにはならない。

以上の考察により、第1パラグラフは、(a)・(c)・(d)・(e) が不適当であるから (b) であることがわかるが、それでは they can は何を受けているのだろうか。タイトルに注目すれば、次の表現リレーに気がつくはずだ。

Can (Electric Power Lines) Cause Cancer? 〈タイトル〉
（電力線は癌の原因となり得るのか？）
⟹ Numerous reports in the popular press have said that (they) can [cause cancer].
　〈省略〉
（一般紙のこれまでの数多くの報道によれば、その可能性はあるということだ）

⟹ 疑問文のタイトルでテーマを提起し、第1パラグラフの第1文でそれに答えることで書き手の主張を打ち出している。これによって、この文章は「電力線は癌の原因の可能性がある」がテーマだと判明する。

(2) 続いて、第1パラグラフである (b) のミクロの視点に支えられたマクロの視点を考えることによって、次のパラグラフとの結びつきが判明する。
　　それでは、第1パラグラフ (b) の内部の考察に入ることにする。

A マクロの視点

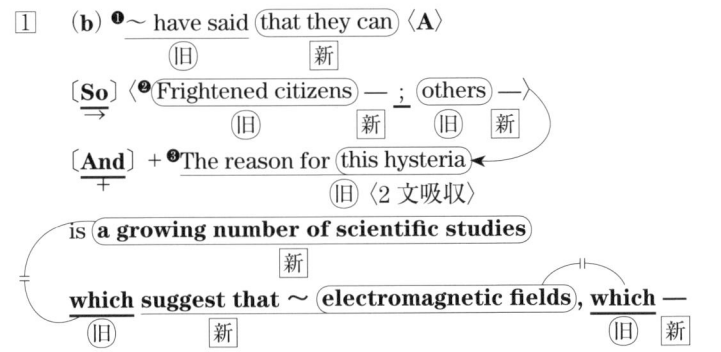

1　(b) ❶〜 have said that they can ⟨A⟩
　　　　　　　旧　　　　　新
　〔So〕⟨❷Frightened citizens — ; others —⟩
　⇒　　　　旧　　　　　新　　　旧　　新
　〔And〕+ ❸The reason for this hysteria
　　＋　　　　　　　　　　旧〈2文吸収〉
　is a growing number of scientific studies
　　　　　　　　　新
　which suggest that 〜 electromagnetic fields, which —
　　旧　　　　新　　　　　　　　　　　　　旧　　新

　⟹　第1文と第2文は因果関係。また、第2文は第3文の this hysteria に入り込んでいる（第1文 → 第2文＋第3文）。「第1文だから第3文」がこのパラグラフの骨子である。したがって、第1パラグラフ (b) は「電力線は癌の原因の可能性がある⟨A⟩と言われているから、人々はヒステリックな行動をとったのであり、その理由は⟨A⟩を示す科学研究の数が増えたからである」となる。

　第1パラグラフである (b) の最後の第3文の新情報 "a growing number of scientific studies" に着目することによって、次のパラグラフの最初の文との結びつきが判明する。

B ミクロの視点

1　❶they can〔cause cancer〕の省略
　　注目　語の重複を避けるための省略
　　　　⟹　直前の文と対比して省略を考える

Part III　読解総合

❷Frightened citizens have abandoned ~; others have gone to court M₂
（驚いた市民の中には~を捨てた者もあれば、~訴訟を起こした者もあった）

❸The reason for (this hysteria) is a growing (number of ~)
　　　　S　　　　〈前文のまとめ〉　V　　P′　　　S′
　　　　　　　　　　　　　　　　　　　　　　　C
（このようなヒステリックな行動をとった理由は、~の数が増えたからである）

注目　(homes) located close to high-tension wires
　　　　　　　M₁〈後置の過去分詞句による名詞修飾〉
　　　　（高圧線のすぐ近くにある家）

注目　have gone to court　to ~　（~するために訴訟を起こした）
　　　　　　　　　　　　　　M₂「目的」

③　❶they can cause (cancer)
　⇒　❷the risk of (leukemia and other malignancies)
　　　rises with exposure to ~　〈表現リレー〉
　　　（白血病や他の悪性腫瘍の恐れは~にさらされることで高まる）

注目　with exposure to ~（~にさらされて）

④　❸are generated in varying degrees by (all electrical devices) from A to B
　　　V　　　　M₂　　　　　　　　M₂　　　　　　M₁
（AからBまでのあらゆる電気装置によって、程度は様々だが、発生する）

注目　Electric Power Lines（電力線）
　　⇒　❶they（電力線）
　　⇒　❷high-tension wires（高圧線）
　　⇒　❷the wires（高圧線）
　　⇒　❸high-voltage power lines（高圧線）〈表現リレー〉

(3)　1　❸~ (scientific studies which suggest that ~)
　　　　　　　新〈プラスの内容〉
　　[But] Until now (the studies) have been ambiguous
　　　　　　　　　　旧　　　　　新〈マイナスの内容〉
（現在までのところ、こういった研究には不明瞭なところがある）
　　⇒　第1パラグラフの最後の第3文の新情報の "scientific studies which

146

～"が (d) の旧情報 "the studies" に移行し、しかもマイナスイメージの ambiguous という表現により、①パラグラフと逆接関係になっている。第 1 文の前には But が潜在。

第②パラグラフは (d) である。

A 　マクロの視点
② 　(d) 〔But〕❶～
　　　〔For example〕〈❷Some of them ... 〔On the other hand〕❸Others ...〉
　　⇒ 　第 1 文の具体例が対比関係の第 2 文と第 3 文であるから、②パラグラフは、「この研究は今までのところ曖昧」とまとめられる。

　　第 2 文の前には連結語の For example、第 3 文の前には連結語の On the other hand が潜在する。

B 　ミクロの視点
　⑤ 　❷have found ～
　　　⇒ 　❸have detected ～ 　〈表現リレー〉

　⑥ 　❷an association with brain cancer but not leukemia in children
　　　（子供の白血病ではなくて、脳腫瘍との関連）
　　　⇔ ❸just the opposite（正反対のこと）

(4) 　② 　the studies 〔have been ambiguous〕
　　　　　〈旧情報〉　　〈新情報〉
　　　〔But〕〔This fog〕may finally start to clear 〔because of ～〕
　　　　　〈旧情報〉　　　　　　　　　　　　　　〈新情報〉
　　⇒ 　第②パラグラフの第 1 文の新情報 have been ambiguous が、(a) の第 1 文の旧情報 This fog〈前文のまとめ〉に受けつがれている。

　　ambiguous（あいまいな）から fog（霧）へのマイナスイメージの表現リレーである。
　　したがって、第③パラグラフは (a) である。

Part III　読解総合

A マクロの視点

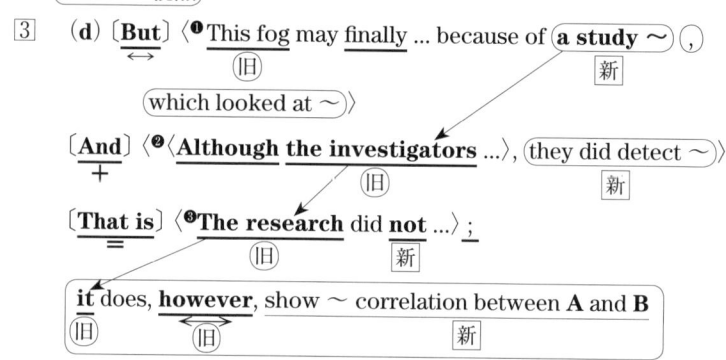

③　(d)〔But〕〈❶This fog may finally ... because of a study ～,
　　　　　　　　　　　　　　　　　　　　　　　　（旧）　　　　　　（新）
　　which looked at ～〉

　　〔And〕〈❷〈Although the investigators ...〉, they did detect ～〉
　　＋　　　　　　　　　　（旧）　　　　　　　　　　　　（新）

　　〔That is〕〈❸The research did not ...〉;
　　＝　　　　　　（旧）　　　　　（新）

　　it does, however, show ～ correlation between **A** and **B**
　　（旧）　　　（旧）　　　　　　　　　　　　　（新）

⟹　第③パラグラフは第②パラグラフと逆接関係の第1文で始まり、第2文は第1文と追加関係にあり、第3文は第2文と等しい関係にある。第2文の前には連結語の And、第3文の前には連結語の That is が潜在する。

　また、第3文では、"not ... however ～"により、セミコロン以下の文がツヨイことが判明する。

　したがって、第③パラグラフは、第3文のセミコロン以下がツヨイ文で、「スウェーデンで行った研究は電磁場にさらされる程度と子供の白血病の危険性との相関関係を証明している」とまとめられる。

B ミクロの視点

⑦　❶～ because of a study done in Sweden, which looked at everyone (who
　　　　　　　　　　　　　　　　　　　　　　　　and it　　V　　　O

　　lived within 300 m of ～)
　　（～なのは、スウェーデンで行われた研究のおかげであり、この研究は、～から300メートル以内に住んでいるすべての人を対象にしたものであった）

　　注目　within ～ of ... (...から～以内に)

⑧　❷could find no evidence of ～ (～の証拠は見出せなかった)
　　⇔　❷did detect ～ (～を実際発見した)

　　注目　強意の助動詞 do (実際、本当に)

　　注目　❷(an) increased (cancer threat) for adults 〈文が圧縮された名詞構文〉
　　　　　　　　P'　　　　　S'　　　　　M'₂

　　　　　　　　　（大人にとって癌の脅威が増していること）
　　　　⇔　❷ⓐ higher risk of leukemia in children 〈文が圧縮された
　　　　　　　　 P′　　　S′　　　　　　M₁　　　名詞構文〉
　　　　　　　　（子供の白血病の危険性が高いこと）

⑨　❸not ...; ~, however, ~　〈否定　⇒　肯定の展開〉
　　（…ない。しかしながら～）

　　注目　①の③： with exposure to electromagnetic fields
　　　　　　　　⇒　the degree of exposure
　　　　　　　　　　（電磁場にさらされている度合）
　　　　　　　　　　（どの程度電磁場にさらされているか）

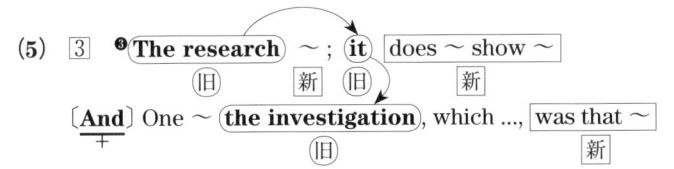

(5) ③　❸**The research** ~ ; **it** does ~ show ~
　　　　　　 旧　　　　　新 旧　　　　　新
　　　〔And〕One ~ **the investigation**, which ..., was that ~
　　　　 ＋　　　　　　　　 旧　　　　　　　　　　　新

　　⇒　第③パラグラフの第3文の The research ⇒ it が旧情報 the investigation に受け継がれている。また、does show ～の内容が was that ～ の内容に表現リレーされていることも判明する。第③パラグラフの第3文と第④パラグラフの第1文とは追加関係である。

　　以上より、第④パラグラフは (e) である。

A 　マクロの視点
④　(e) 〔And〕❶~ 〔For example〕〈❷...〉
　　　　　　　　　　＝
　　　　　　〔And〕❸**Such a progression** ~
　　　　　　　 ＋　　　〈2文を吸収〉

　　⇒　第2文は第1文の具体例であり、なおかつ、第3文の Such a progression〈旧情報〉に吸収される。

　　第3文は第1文＝第2文の別種の追加文である。
　　第④パラグラフは第3文がツヨイ文で、「電磁場の強さに比例して、癌の危険性は高まるから、白血病の増加の原因を電磁場にさらされること以外に要因を求めるのは難しい」とまとめられる。

Part III　読解総合

B ミクロの視点

⑩　③❸(it) ～ show an unmistakable correlation between the degree of exposure and the risk of childhood leukemia
　　　　　　　　　　　　　〈A〉　　　　　　　　　〈B〉
（この調査は、電磁場にさらされている度合と子供時代の白血病の危険性との間に明白な相関関係があることを示している）

⟹　④❶～ of the investigation, which ―, was that 〈B〉 grew in proportion to 〈A〉
（―の研究の～は、A に比例して B は高まるということであった）

⑪　❷(Children) with constant exposure to ～（～に絶えずさらされている子供）

⟹　❷(those) exposed to ～（～にさらされている子供）〈表現リレー〉

注目　be exposed to ～（～にさらされる）
　　　→　exposure to ～（～にさらされること）

注目　Children ⟹ those〈表現リレー〉

(6)　④　**One of the most telling results of (the investigation)**
　　　　　　　〈プラスの内容〉　　　　　　　　　旧
　↔　**However, (this report) does have some weaknesses.**
　　　　　　　旧　　　　旧　　　　　　新 〈マイナスの内容〉

⟹　第④パラグラフの「研究の成果が上がった」というプラス面とは逆接関係の文が続く。

　this report が the investigation を中心にした第④パラグラフを受け継ぐ旧情報であり、the most telling results（最も有力な成果）と have some weaknesses（弱点がある）との対立表現に着目すれば、明瞭なはずだ。

　第⑤パラグラフは (c) である。

A マクロの視点

⑤　(c)　❶However, this report does ～
　　　〔That is〕〈❷ ...〉
　　　〔For example〕〈❸ ... ❹In addition ...〔And〕❺Up to this point ...〉

⟹　第 1 文は連結語で逆接の Discourse Marker である However、前文

のまとめの this report、強意の does によって主張文であることがわかる。

第2文は、第1文と同格関係であり、それ以下は具体例となっている。具体例の第3文・第4文・第5文がそれぞれ追加関係となっているから、1つのかたまりの文とみなす。

第5パラグラフは第1文と第2文がツヨイ文で、「この研究には例が少ないなどの弱点がある」とまとめられる。

B ミクロの視点

⑫　④❶the investigation, which encompassed nearly 500,000 people
　　⟹　⑤❶this report
　　⟹　⑤❷such a large study 〈表現リレー〉

――― 問1の解答 ―――
　　(b) ― (d) ― (a) ― (e) ― (c)

問2 解法の要点　⟹　ミクロの視点

(1)　❷ S showed a fourfold increase in the risk of leukemia
（～は白血病の危険性が4倍も増えていることを示した）

❸ Such a progression　makes　it　difficult「to argue that ～」
〈文が潜在した無生物主語→原因・理由の M₂〉　V　O／C
　　　　　　　　　　　　　　　　　　　　　→S
（このような事態が進行しているから、～と主張することは難しい）

注目　形式目的語のスタイル〈第5文型で使われる〉
　　⟹　S + V + it + C〈名詞／形容詞／分詞〉+ to ～／that ～
　　　　　　　　O
　　（～することは…であると―）

注目　It is difficult to ～　（～することは難しい）
　　　　　　　　　　　　　（なかなか～できない）

注目　Such a progression は前文全体をまとめて受け継いだ旧情報である。文が圧縮された表現であり、increase（増加）から progression（進行）への流れを意識する。

(2) ❸factors other than exposure to the electromagnetic field
　　　　　　　　　　　M₁
（電磁場にさらされていること以外の要因）

　　注目　名詞 other than 名詞　⟶　other 名詞 than 名詞
　　　　　（…以外の～）

(3)　cause ～〈タイトル〉　⟹　❸were responsible for ～　〈表現リレー〉
　　　　　　　　　　　　　　　（～の要因となった、～を招いた）

(4)　❷a fourfold increase in the risk of leukemia（白血病の危険性の4倍の増加）
　　⟹　❸the extra cases of leukemia　〈表現リレー〉
　　　　（白血病の症例の増加）
　　　　※ extra は increase を手がかりにして意味を決定する。

以上より、**問2**の下線部和訳は以下の通り。

―― 問2の解答 ――
このような事態が進行しているから、電磁場にさらされていること以外の要因が白血病の増加の原因となったと主張することは難しい。

問3　第6パラグラフの要約であるから、マクロの視点、ミクロの視点からアプローチを試みてみよう。

解法の手順
(1) マクロの視点

6　❶Reacting ～ **in itself**, **of course** ～
　　　　　　　　〈強意〉　〈文修飾のM₂〉
　[So] ❷～
　⟹

　And〈❸ ...〉
　＋
　⟹　第1文と第2文は因果関係だからツヨク、
　　　第3文は第2文の同種の追加だからヨワイ。
　　　第2文の前には連結語のSo、第3文の前には連結語のAndが潜在する。

(2) ミクロの視点

⑬ ❶ <u>React(ing) too hastily to O</u> can in itself, (of course),
　　　V　　　M₂
　　S〈動詞句〉　　　　　　　　　　　　　〈文修飾の M₂〉

be hazardous to one's health.
───────────────
　　　　P

(〜にあまりにも性急に反応することは、それ自体人の健康にとって危険なものとなるおそれがあるのは言うまでもない)

⑭ ❷As for ..., (prudence) would suggest 「that 〜」
　　　M₂　　　　S　　　　V　　　　　O

⟹ Sが条件の仮定法過去

(…に関しては、賢明であれば、〜ということがわかるであろう)

注目　as for 〜 (〜はどうかと言えば、〜に関する限りでは)

⑮ ❷the ideal location for a new day-care center is not next to city power lines
(新しい保育所の理想的位置は市の電力線の近くにしない)

⑯ ❸(it) might make more sense simply (to ―)
　　　　　　　　　　　　　　　M₂

⟹ Sの to 不定詞句が条件の仮定法過去

(ただ〜しさえすれば、その方がおそらく賢明であろう)

注目　prudence (賢明さ) ⟹ make sense (賢明である、道理にかなう)〈表現リレー〉

注目　simply ⟶ only

問 3 の解答

科学的発見にあまりにも性急に反応することは、人の健康にとって害となり得るから、電磁放射に関しては、保育所は電力線の近くでない方がよいというのが賢明な考えである。(**80字**)

総合問題 3

次の英文を読み、下の問いに答えよ。

[1]　❶Criticism of Mother's Day has become as familiar as the holiday itself. ❷Most people believe that Mother's Day started out as a private celebration of women's family roles and relations. ❸We took Mom breakfast in bed to thank her for all the meals she made us. ❹We picked her a bouquet of flowers to symbolize her personal, unpaid services. ❺We tried to fix in our memory those precious moments of her knitting sweaters or sitting at our bedside, all the while focusing on her devotion to her family and ignoring her broader social ties, interests and political concerns.

[2]　❶Today, according to the protests of many, the personal element in this celebration has been lost. ❷Mother's Day is just another occasion to make money. ❸It is the busiest day of the year for restaurants, and the week that precedes it is the single best for florists. ❹The real meaning of Mother's Day is gone.

[3]　❶Such complaints about the holiday's losing its true
　　　　(1)
meaning reflect a misunderstanding of its history. ❷It was the reduction of Mother's Day to sentimentalism and private fam-

ily relations that exposed it to a commercial desire to make a profit.

④ ❶The 19th century versions of our modern holiday were called mothers' days, not Mother's Day. ❷The plural is significant: they celebrated the extension of womens' moral concerns beyond the home. ❸They honored mothers' public roles and services to the nation, not their private roles and personal services to the family. ❹The women who organized the first mothers' days believed that motherhood was a political force that should be set in motion on behalf of the entire community; <u>it was not merely an expression of a fundamental instinct that led them to devote all their time and attention to their children.</u>(2)

⑤ ❶The earliest call for a mothers' day came from Anna Reeves Jarvis, a community activist, who in 1858 organized Mothers' Work Days in West Virginia. ❷During the Civil War, the women she directed cared for the wounded on both sides and, <u>after the war's end, they arranged meetings to persuade the men to lay aside their hatreds.</u>(3)

⑥ ❶The connection of motherhood to movements for peace and social justice made particular sense in the 19th century. ❷Despite its unfavorable image, the duties of Victorian motherhood gave women moral responsibility beyond the house-

hold, duties that for many translated easily into social activism. ❸Women played a leading role in antislavery agitation, temperance* movements, consumer protection drives and the construction of America's social welfare system. ❹<u>They believed their role as mothers made them especially suited for political and social activities.</u>
(4)

7 ❶After the turn of the century, however, women's expanding political and economic activities beyond the home conflicted with the growth of a consumer economy. ❷While women won important reforms in the public area, their maternal and moral responsibilities were privatized and linked to their role as "purchasing agent" for the family. ❸Sentimentalization of motherhood seemed to go hand in hand with <u>its limitation.</u>
(5)

temperance: total avoidance of alcoholic drinks

問1　下線部 (1) の意味に相当する語を最初の二つの段落より二語選んで、書け。

問2　下線部 (2) を、it の意味を明示して日本語に訳せ。

問3　下線部 (3) を日本語に訳せ。

問4　下線部 (4) を日本語に訳せ。

問5　下線部(5)の内容を具体的に表すものを次のうちから二つ選び、番号で答えよ。

1. caring for the wounded
2. cooking meals for the family
3. playing a leading role in antislavery agitation
4. engaging in movements for peace and social justice
5. knitting sweaters for their children
6. constructing social welfare systems for American people

（北海道大学）

（訳は別冊 p. 12）

解　説

問1　第3パラグラフの第1文の文頭の Such complaints（このような苦情（不平））に相当する語句を第1パラグラフと第2パラグラフより2語選ぶということは、文関係および情報展開に基づいた表現リレーを問う問題であること。そこで、まず考えるべきことは、such 名詞が前文のまとめであるという点と、complaints がマイナスイメージの意味であるという点である。さらにまた、文関係、パラグラフ関係に着目することによっても、解答を導き出せる。

解法の手順

(1) A　マクロの視点

1　❶ Criticism of Mother's Day 〜　〈主題文〉

　❷ Most people believe that 〜

　〔For example〕＝　❸ … breakfast … all the meals she made us

　　　　〔And〕＋　❹ … a bouquet … her personal, unpaid services

　　　　〔And〕＋　❺ … fix … her knitting sweaters or sitting at our bedside

⟹　第1文がテーマを提起した主題文であり、第3文＋第4文＋第5文〈追加関係／1つのかたまりの文とみなす〉の具体例を従えた第2文

Part III　読解総合

は一般論を述べている〈Most people believe that 〜のスタイルに着目〉。第3文の前には連結語の For example、第4文と第5文の前には連結語の And が潜在する。したがって、第1文がツヨイ。

2　1の❷＋❸＋❹＋❺

〔But〕　❶Today, **according to** the protests of many, the personal element in this celebration has been lost.
↔
（今日、多くの人々の抗議によれば、この母の日のお祝いの私的要素は失われてしまったというのだ）

〔For〕　❷Mother's Day is just another occasion to make money.
←
（母の日もまた単なる金儲けのための行事の1つにすぎない）

〔For example〕＝〈❸ ...〉
＝

⟹　第1文は第1パラグラフの第2文〜第5文までと逆接関係であり、第2文は第1文の理由を述べている。つまり、第2文と第1文は因果関係である。そして、その具体例として、第3文が続く。第1文の前には連結語の But、第2文の前には連結語の For、第3文の前には連結語の For example が潜在する。第1文と第2文がツヨイ。

B　ミクロの視点

①　❷Mother's Day started out as a private celebration of women's family roles and relations.
（母の日は女性の家庭での役割や関係を私的に祝うものとして始まった）
⟹　the personal element in this celebration　〈表現リレー〉
（この母の日の祝いの私的要素）

②　❸thank her for 〜　⟹　❹symbolize 〜　〈表現リレー〉
（〜への感謝を表す）

③　❺We tried to fix in our memory (those precious moments) (of (her) knitting
　　　S　　　V　　　M₂　　　O〈長いOは後置〉　　　S′
sweaters or sitting at our bedside), all the while focus(ing) on 〜 and
　　　　P′〈動名詞句〉　　　　　　　　　　〈文尾の分詞構文〉
ignor(ing) ...

（私たちは、母がセーターを編んだり枕元に座ってくれたりしたあの貴重な時を記憶の中にしっかりと留めようとして、その間ずっと、〜だけのことを考え、…を無視したのである）

C 〔大マクロの視点〕

　　①の❶〈テーマ A〉
　　①の❷＝❸＋❹＋❺〔But〕②〈テーマ A〉
　⟹　第①パラグラフの第 2 文〜第 5 文〈1 つのかたまりの文〉と第②パラグラフは逆接関係であり、第②パラグラフは第①パラグラフ第 1 文の言い換えになっている。

(2)　①の❶＝②

〔But〕③　❶**Such complaints** (about (the holiday's) losing its true meaning))
　　　　　　　　S　　　　　　　　　　S′　　　　　　　P′〈動名詞句〉
reflect a misunderstanding of its history.

（母の日という休日が本当の意味を失ったことでこのような苦情が言われるのはその由来を誤解している反映である）

〔That is〕〈❷ …〉
=
　⟹　第①パラグラフと第②パラグラフを受け継ぐ言葉が Such complaints〈旧情報〉である。such 名詞は this 名詞と同じく、前文全体、あるいは、前文の一部をまとめる機能を果たす。大マクロの視点に立つと、第①パラグラフ＝第②パラグラフ〈1 つのかたまりの文とみなす〉が Such complaints〈一種の連結語〉へ表現リレーされている。したがって、complaints（苦情、不平）に相当する語が第①パラグラフのツヨイ文である第 1 文の Criticism（批判）と、第②パラグラフのツヨイ文である第 1 文の protests（抗議、異議）であることが判明する。

　　注目　(Criticism) of Mother's Day has become as familiar as 〜
　　　　⟶　according to (the protests) of many
　　　　⟶　(Such complaints)

Part III 読解総合

問1の解答

criticism / protests

問2 "(旧) reflects a misunderstanding of its history" の第③パラグラフ第1文で提示された(新)新情報の説明が第④パラグラフから第⑤パラグラフで展開されていることに着目する。

解法の手順

(1) ❶ The women who ～ believed that (motherhood) was ―; (it) was not merely ～

セミコロン (;) 以下の文がどの箇所を言い換えているのかを考える。

スタイル上 it を主語にした文であるから、前文の "The women who ～ believed that ―" 全体の説明ではなく、"motherhood was ―" の説明であることが類推可能である。そして、"motherhood was ―" という肯定の世界と "it was not merely ～" という否定の世界の対比になっていることに注目する。「否定↔肯定」「肯定↔否定」の論理展開を意識しよう。

つまり、このセミコロンは前文の that 節以下と it was not merely ～ が等しいことを示している。believe that はこの文の最後まで支配している。

注目 It is 名詞 that V
  a. S の強調の分裂文（―なのは〔ほかならぬ〕…だ）
  b. It は代名詞で that が関係代名詞（それは―…だ）
  ※この場合は b の解釈である

したがって、「母性とは単に～ではなかった」となる。

(2) ❶ ～ were called (mothers' days), not (Mother's Day).
          ⟨A⟩   ⟨B⟩
（～は母の日ではなくて、母たちの日々と言われていた）

⟹ ❷ ～ celebrated (the extension of women's moral concerns) beyond
                        ⟨A⟩
(the home)
  ⟨B⟩

(～は女性たちの道徳的関心が家庭を超えて拡大されたことを祝った)

⟹ ❸ ～ honored (mothers' public roles and services to the nation), not
　　　　　　　　　　　　　　　　　〈A〉
(their private roles and personal services to the family)
　　　　　　　　　　　〈B〉
(母たちの私的な役割と家族に対する個人的な奉仕ではなくて、母たちの公的な役割と国家に対する奉仕に敬意を払った)

⟹ ❹ motherhood was (a political force that V) ; it was not merely
　　　　　　　　　　　　　　　〈A〉
(an expression of a fundamental instinct that V)
　　　　　　　　　　　〈B〉
(母性は一政治勢力であった。つまり、母性は単に～母性本能の現われではなかった)

以上の流れから肯定の A〈mothers' days〉と否定の B〈Mother's Day〉との組み合わせで19世紀の母の日の説明を展開している。

第4パラグラフのマクロの視点の考察によって、上記のことがますます明瞭になるはずだ。

❶～ 〔And〕 ❷... : ～ 〔That is〕 ❸～ 〔In short〕 ❹～
　　　　＋　　　　　　　　＝　　　　　　　＝

⟹ 第1文が主題文であり、第2文のコロン以下と第3文は等しい関係であり、さらに、第4文は第2文と第3文をまとめた文である。

(3) A: ❹(a political force) (that should be set in motion on behalf of the entire
　　　　　　　　　　　　　　　　　〈関代〉
community)
(地域社会全体の利益のため活動すべき政治勢力)

　　↔ B: ❹(an expression of a fundamental instinct) (that led them to
　　　　　　　　　　　　　　　　　　　　　　　　　　　　　〈関代〉
devote all their time and attention to their children)
(母親たちにすべての時間と注意力を自分たちの子供に捧げるように仕向ける母性本能の現われ)

注目 lead O〈人〉to ... (～に…させる、～に…する気にさせる、～が…

できるように導く）

注目　devote ～ to ...（～を…に捧げる、～を…に向ける）

　Aと**B**の対立関係に着目する。**B**は第①パラグラフの第1文〜第5文から受け継がれている。**A**、**B**の表現リレーをまとめると以下の通り。

```
A:  mothers' days ⇒ the extention of women's moral concerns
               ⇒ mothers' public roles and services to the nation
               ⇒ (a political force that ～)
B:  Mother's Day ⇒ the home
               ⇒ their private roles and personal services to the family
               ⇒ (an expression of a fundamental instinct that ～)
```

　この情報の流れによって、下線部の**A**、**B**の意味が明瞭になる。a fundamental instinct が「生得の本能」から「母性本能」の意味であることが判明する。

――― 問2の解答 ―――
母性とは単に母親たちにすべての時間と注意力を自分たちの子供に捧げるように仕向ける母性本能の現われではなかった。

問3　**解法の手順**

(1)　❷after (the war's) end　⟹　名詞構文
　　　　　　S'　　　P'
　〈⟶　(the war) ended〉
　　　　S　　　P
　　（戦争が終結した後）

(2)　❷(the women) she directed │cared for (the wounded) on both sides│
　　　　S　　　　　　M₁　　　　　V　　　　　O
　　　　　　　　　　　　　　　　　　　　　　〈**A**〉
　　（彼女が指揮した女性たちは両軍の負傷兵たちを看護した）
　　⟶　❷(they) arranged meeting (to)│persuade the men to lay aside their
　　　　　　　　　　　　　　　　　　　　　　　　〈**B**〉
　　　　hatreds
　　（女性たちは男たちを説得して互いの憎しみを捨て去らせるために集会を

準備した）

⇒　追加関係の **A and B** は上記のように、**A** の内容が **B** の内容のヒントになることがある。

注目　S＋V(to)〜

a. to 不定詞が副詞用法の「目的」になるときは to の前後に「意志」を表すVが置かれる。内容面ではその時点において、to 以下は実現されていない事柄が記述される。

※The policeman blew his whistle to stop the car.
（警官は車を止めるために笛を吹いた）

b. to 不定詞が副詞用法の「結果」になるときは to の前後に「意志」と関わりのないVが置かれる。内容面ではその時点において、to 以下は実現された事柄が記述される。

※I awoke to find a burglar in my room.
（目が覚めると部屋にどろぼうがいた）

以上より、この場合の to は「目的」を表すことが判明する。

注目　persuade O to ...（〜を説得して…させる）

注目　lay aside 〜（〜を捨てる、〜を放棄する）

問3の解答

戦争が終結した後、彼女たちは男たちを説得して互いの憎しみを捨て去させるために集会を準備した（集会をお膳立てし男たちを説得して互いに憎しみ合うことをやめさせようとした）。

問4　解法の手順

(1)　❶The connection of (motherhood) to movements for peace and social justice
（母性を平和と社会正義を求める運動と結びつけて考えること）

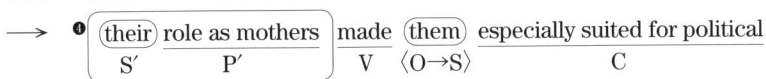

　　→　❶ (their) role as mothers | made | (them) | especially suited for political
　　　　　　S′　　　P′　　　　　　　V　　〈O→S〉　　　　　C
　　〈無生物主語→原因の M₂〉
　　〈前文を受け継いだ旧情報〉
　　and social activities

（母親として役割を果たすことによって、自分たちが特に政治的、社会的活動に適している）

(2) "They believed 「〔that〕～ (made) ...」" より believed と時制の一致で made になっているから、made は現在形で解釈する。

問4の解答

女性たちは、母親としての役割を果たすことによって、自分たちが特に政治的、社会的活動に適していると信じていた。

問5 解法の手順

(1) ⑦ ❶After the turn of the century, **however**, (women's ～) conflicted with —
　　　　　①　　　　　　　　　　　　　　　②　　　　　　　　　　　　③
（しかしながら、今世紀に変わってからは（今世紀になると）、女性たちの～は—と対立した）

⇒ 第1文の①の「時の変化」を表す After the turn of the century と②の「逆接」を表す however と③の「対立」を表す conflicted with によって、第⑦パラグラフは第④～第⑥パラグラフまでと逆接関係にあることが判明する。第④パラグラフと第⑤パラグラフと第⑥パラグラフは追加関係。

注目 A：母の役割は私的、B：母の役割は公的、という2つの視点から各パラグラフの関係に注目してみよう。

大マクロの視点

　　①＝②〈A〉
　⇔　③＝④＋⑤＋⑥〈B〉
　⇔　⑦〈A〉

(2) ⑦パラグラフ内部の文関係を考えてみよう。

❶〜

[That is] = ❷While **B**, their maternal and moral responsibilities (were privatized)
　＝　　　　　　　　　　　　　　　　　　　　　　　　　　　　　　　　　　　　　**A**
and (linked to their role as "purchasing agent" for the family).
(**B**だが、一方、女性たちの母親としての責任と道徳的責任が私化され、家族のための「買い物係」としての役割に結びつけられた)

[Thus] ❸(Sentimentalization of motherhood) seemed to go hand in hand
　⟶
with (its limitation).
　　　　A
(母性の感傷主義化は母性の限界と同一歩調をとっているように思われた)

⟹ 第1文と第2文は等しい関係で、第3文は論理的帰結文であることが判明する。したがって、its limitation (母性の限界) は **A** を指すのが明らかであるから、第①パラグラフと第②パラグラフの **A** の表現に着目すれば、第①パラグラフの第3文の "all the meals she made us" と第5文の "her knitting sweaters" に相当する選択肢が2の cooking meals for the family (家族に食事を作ること) と5の knitting sweaters for their children (子供にセーターを編むこと) であることがわかる。

他の不適切な選択肢は以下の通り。

1. caring for the wounded (負傷兵たちを看護すること)
3. playing a leading role in antislavery agitation (奴隷反対運動に指導的役割を果たすこと)
4. engaging in movements for peace and social justice (平和と社会正義を求める運動に携わること)
6. constructing social welfare systems for American people (アメリカのために社会福祉制度を構築すること)

――― 問5の解答 ―――
　　　　　　2、5

総合問題 4

次の英文を読んで、後の設問に答えよ。

1　❶Of all mythological creatures there are none more varied than giants. ❷They range from heroes, descended from the gods, to awkward monsters, and many would seem to have no (a) ancestry than the imaginations of storytellers who invented them to explain huge standing stones or unusual natural features. ❸One character trait many had in common was <u>melancholy</u>, which reflected the knowledge that their race had reached its twilight stage.
(b)

2　❶We read of giants as loners, survivors of a race which flourished before ordinary men emerged to challenge their superiority. ❷In mankind's early days (c) were necessary for survival. ❸The powerful man who could defend himself against predators, whose hunting skill kept his family content and who by brute force could make himself a tribal leader, was the hero. ❹This altered when man's reasoning abilities developed and prehistoric technology was introduced. ❺Brute club-wielding strength was <u>of little avail</u> against bronze-tipped spears; <u>the strongest back could not compete in loading-carrying against the wheel.</u>
(d)
(e)

③ ❶It is the David* and Goliath* story that illustrates the situation. ❷That a youth could bring down the gigantic champion of the Philistines with a slingshot* demonstrated that brawn could be no longer equated with superiority. ❸Such encounters, ranging from David of Israel to Jack the Giant Killer, have symbolized the fate of the giant kind. ❹It is an interesting speculation that this personified decline of muscle-power before brainpower could reflect a race memory of the evolutionary conflict between old Neanderthal Man and the newly-arrived Cro-Magnon Man 40,000 years ago.

④ ❶Belief in giants certainly goes back into ancient times. ❷"There were giants in the earth in those days," says the Book of Genesis referring to the time before the Flood*. ❸The Greeks had their Titans and Cyclops, to whom they ascribed ancient building works which seemed （1. been　2. by　3. constructed　4. have　5. men　6. to　7. too　8. vast）.

（注）　*David＝古代イスラエル第二代の王（聖書）。本文中の"story"は、彼が羊飼いをしていた少年時代の出来事を述べた聖書の中の一節を指す。
　　　*Goliath＝ペリシテ（古代イスラエル人を長年にわたって苦しめた非ユダヤ系の部族）の巨人（聖書）。
　　　*slingshot＝革袋に入れた石を、ひもを振って飛ばす古代の武器。石投げ器。
　　　*the Flood＝ノアの洪水（聖書）。

Part III　読解総合

問1　(a)の空所に適当な1語を補いなさい。

問2　(b)の"melancholy"と書かれている理由を日本語で説明しなさい。

問3　(c)の空所を補うものとして、文脈上次のどれが最も適当か、番号で答えなさい。
1. food and shelter
2. inventiveness and imagination
3. love and devotion
4. mutual understanding and cooperation
5. size and physical strength

問4　(d)の下線部の意味を述べなさい。

問5　(e)の下線部を和訳しなさい。

問6　(f)の下線部の内容に全くそぐわないものは次のどれか。番号で答えなさい。
1. physical strength ceased to be the primary condition for obtaining power
2. physical strength did not guarantee power any longer
3. physical strength did not mean power any longer
4. physical strength was no longer everything in obtaining power
5. physical strength was none the less considered the first thing necessary to obtain power

問7　(g)の下線部の内容を具体的に述べている箇所を本文から抜き出し、その始めの2語と終りの2語を記しなさい。

問8 (h)の ( ) 内の語を意味の通るように配列しなさい。

(早稲田大学文学部)

(訳は別冊 p. 13)

解　　説

問1 解法の手順

(1) まず下線部 (a) を含む文中の主語 many とは何を指しているのか？ 第1文と第2文の情報展開に着目することによって解明してみよう。

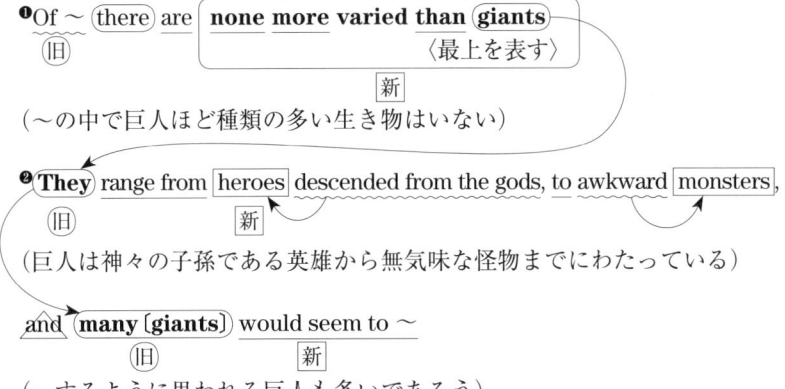

❶ Of ~ there are **none more varied than giants**
　　　　旧　　　　　　　〈最上を表す〉
　　　　　　　　　　　　　　　　　　　　　新
（~の中で巨人ほど種類の多い生き物はいない）

❷ They range from heroes descended from the gods, to awkward monsters,
　　旧　　　　　　　　新
（巨人は神々の子孫である英雄から無気味な怪物までにわたっている）

and many [giants] would seem to ~
　　　　　旧　　　　　　新
（~するように思われる巨人も多いであろう）

　第1文では、there is 構文で新情報 S の giants を提示し、第2文では、その giants を受け継ぐ They を主語にして説明が展開される〈there is 構文のルール〉。ジグザグ型の情報展開だ。そして、and 以下では、They が many に受け継がれてさらに説明が展開される。平行型の情報展開だ。したがって、giants → They → many への表現リレーから、many の後には giants が省略されていることがわかる。

ミクロの視点

① There ＋ V〈存在・到来〉 ＋ 名詞
　〈虚辞〉　　〈be/exist/live/　　〈新情報の S〉
　→和訳不要　come/follow〉　　→通常 the はつかない
　　　　　　既知の事柄の M_2〈旧情報〉

169

⇒　後続の文では概して新情報 S の説明が展開される

※<u>There</u> came into the room a beautiful lady〈美しい婦人が部屋に入っ
　　　V　　　M₂　　　　　　　S　　　　　　　　　　　て来た〉

⟶　She 〜 / who 〜〈後続の文では、新情報 S "a beautiful lady" の説
　　明展開が予想される〉

② range from **A** to **B**

（**A** から **B** まで多岐にわたる、**A** から **B** まで様々である）

(2) 次に many 以下の情報展開を考えてみる。

❷ many〔giants〕would seem to 〜　storytellers　who invented them to 〜
　　　旧　　　　　　新　　　　　　　　　　　旧　　　　　　新

上記のようなジグザグ型の情報の流れで、関係代名詞節 who 以下は前文に対して追加関係となっている。つまり、

❷ many〔giants〕would seem to have no ( ) ancestry than the imaginations of storytellers
(a)

（物語作家の想像上の産物以外その起源にあたるものはないように思われる巨人が多いであろう）

⟶　who invented them to 〜

（そういう物語作家が巨人を想像から作り上げたのは〜するためであった）

という関係から、旧情報 "who invented them"（物語作家が巨人を作り上げた）を拠り所にすると、"many 〜 have no（　）ancestry than the imaginations of storytellers" が「多くの巨人は物語作家の想像上の産物以外に起源はない」という意味だと類推できる。

空所には other が入る。ここで、"other 〜 than —" の表現に注目する。

⇒　no / any other 名 than 名 ⟶ no / any 名 other than 名
　　　　　（—以外の〜）　　　　　　　　　　　　‖
　　　　　　　　　　　　　　　　　　　　　but / except

※ He has no other shoes than what he's wearing.
（彼は今履いている靴以外の靴は持っていない）
（彼は今履いている靴しか持っていない）

また、ancestry には「起源」の意味がある。

総合問題 4

問 1 の解答

other

問 2 解法の手順

(1) 第 2 文と第 3 文の情報展開は以下の通り。

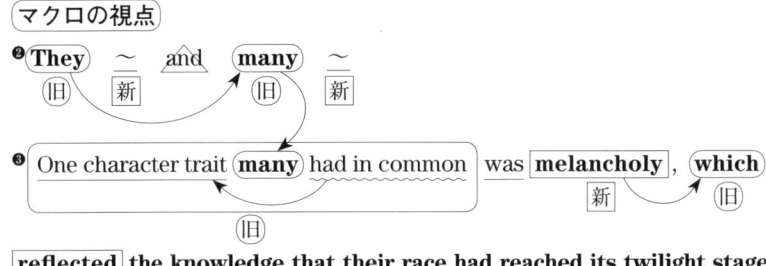

マクロの視点

❷ **They** 〜 and **many** 〜
　旧　新　　　　旧　新

❸ One character trait **many** had in common was **melancholy** , **which**
　　　　　　　　　　　　旧　　　　　　　　　　　新　　　　旧

reflected the knowledge that their race had reached its twilight stage.
　　　　　　　　　　　　　　　　新

"which reflected 〜"（それは〜の反映であった）の reflected（反映した）に注目することによって、目的語のかたまり、the knowledge that 以下が melancholy（憂鬱）と記述されている理由であると判明する。つまり、"the knowledge that their race had reached its twilight stage" を和訳して解答とする。**A reflect B**（**A** は **B** を反映する）（**A** は **B** の反映である）は、**B** が「原因・理由」で **A** が「結果」を表す。

(2) それでは、that 節中の its twilight stage とはどういう意味なのか？　もちろん、twilight は必須単語ではあるが、第 2 パラグラフの第 1 文との関係から、その意味が類推できよう。

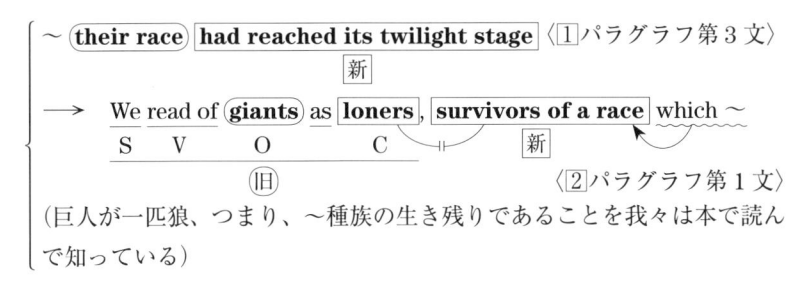

〜 **their race** **had reached its twilight stage** 〈① パラグラフ第 3 文〉
　　　旧　　　　　　　　　新

→ We read of **giants** as **loners** , **survivors of a race** which 〜
　　　　S　V　　O　　　　C　　　　　　新
　　　　　　　　　　　　　　旧　　　　　　　　　〈② パラグラフ第 1 文〉

（巨人が一匹狼、つまり、〜種族の生き残りであることを我々は本で読んで知っている）

上記の情報の流れから、We read of（本で読んで知っている）は the imaginations of storytellers（物語作家の想像上の産物）から表現リレーされ、また、giants as loners（一匹狼である巨人）は their race had reached its twilight stage から表現リレーされていることがわかる。loners = survivors of a race M_1（〜種族の生き残り）というマイナスイメージを had reached its twilight stage に重ね合わせてみると、its twilight stage が「衰退期」「末期」の意味だと判定できる。したがって、their race had reached its twilight stage は「巨人族はすでに衰退期に達していた」と読解する。

ミクロの視点

① the knowledge 「that S + P」〈同格の接続詞〉
  （〜という知識、〜と知っていること）

② ｛思考型の V〈look upon / regard / think of など〉
   ｛認識・言説型の V〈recognize / define / describe など〉
   O as C〈名詞／形容詞／分詞〉
   （〜は──であると──）
   ※ read of O as C
   （〜は──であると〔本で〕読んで知る）

── 問2の解答 ──
巨人族がすでに衰退期に達していたことがわかっていたから。

問3　解法の手順
　(c) の空所補充の選択肢を、第2文の情報だけで考えると、すべて当てはまるように思われる。1. food and shelter（食物と住居）　2. inventiveness and imagination（発明の才と想像力）　3. love and devotion（愛と献身）　4. mutual understanding and cooperation（相互の理解と協力）　5. size and physical strength（大きさと体力）。そこで、マクロの視点に立脚して考えてみることにする。

マクロの視点
　❶We read of giants as loners, 〜 before ordinary men emerged to challenge
　　　　　　　　　　（旧）　　　　　　　　　　　　　　　（新）

❷In mankind's early days (X) were necessary for survival.
　　　　　　　旧　　　　　　　　　　　　　　　　新
(their superiority ↰)
❸The powerful man who ～, whose ～ and who ～ was the hero.
　　　　　　　　旧　　　　　　　　　　　　　　　　　　　　新

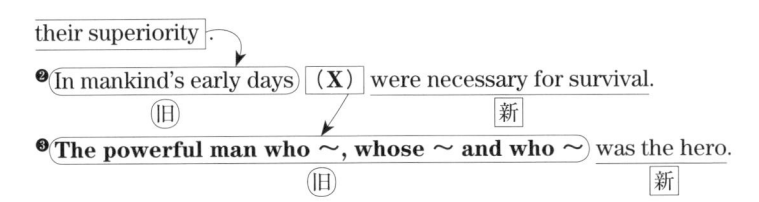

　上記のように、第2文の新情報Xのかたまりが第3文の旧情報の主部 The powerful man に受けつがれていることがわかる〈ジグザグ型の情報展開〉。なぜならば、In mankind's early days から The powerful man への平行移動は意味の上からあり得ないからである。したがって、X は The powerful man を導く「強さ」と「力」を表す表現であることが判明する。空所 (c) には5の"size and physical strength"(体が大きく体力があること)が入る。

注目　①　❶ordinary men emerged
　　　　　　　(人類がこの地に登場した)
　　　　　　⟹　❷In mankind's early days
　　　　　　　(人類が地球に登場して間もない頃に)

　　　　②　❷size and physical strength were necessary for survival
　　　　　　　(体が大きく体力があることが生き残るために必要だった)
　　　　　　⟹　❸The powerful man M₁ was the hero

　　　　③　❸whose hunting skill kept his family content
　　　　　　　〈無生物主語→M₂〉　　V　〈O→S〉　　C
　　　　　　　(狩猟の腕前によってその家族は心満ち足りた)
　　　　　　⟹　❸who by brute force could make himself a tribal leader
　　　　　　　(腕力によって部族の長になることができた)
　　　　　　※ make oneself C ⟶ become C
　　　　　　　　V　　O　　　　　　　　　

───── 問3の解答 ─────
5

問4、問5　**解法の手順**

　下線部 (d) の意味と下線部 (e) の和訳は関連した問題である。第1文から第

3文までと、第4文および第5文〈2文から構成〉の関係を考えてみよう。

(1) ❷〜〔That is〕❸〜 〈体力優位 ⇒ A〉
〔But〕❹This altered when man's reasoning abilities developed and pre-historic technology was introduced. 〈知力優位 ⇒ B〉
(こういった状況が変化したのは、人間の思考力が発達して先史時代の技術が導入されたときであった)

〔That is〕❺Brute club-wielding strength was of little avail against bronze-tipped spears 〈体力劣位〉

　第4文冒頭部の旧情報 "This altered"(このことが変化した)〈when節は新情報であるから主文の後に置かれる〉によって、第1文から第3文までと逆接関係にある文が、第4文以降で展開されることに注目する。「変化」は逆転を表すからである。「体力優位から知力優位」への変化である。第5文は第4文を言い換えた文〈第5文の前には That is が潜在〉、つまり、"Brute club-wielding strength"(荒々しく棍棒を振るう力) は "bronze-tipped spears"(青銅の穂先のついた槍)に対して「劣る」「太刀打ちできない」「役に立たない」存在となったのである。"was of little avail against 〜" が後続の "could not compete ... against 〜" に表現リレーされていることに注目する。of little avail は「ほとんど役に立たない」という意味である。available (利用できる、役立つ) からも類推できよう。

注目 of 抽象名詞
　　a. ⟶ 形容詞〈of use ⟶ useful〉
　　b. ⟶ 副詞〈of necessity ⟶ necessarily〉
　　※ of little avail ⟶ of little use ⟶ almost useless

─── 問4の解答 ───
ほとんど役に立たない。

(2) ❺Brute club-wielding strength was of little avail against
　　　　　　　　　　　　　　　　　　　　　　　A〈力〉

(bronze-tipped spears)
　　　　B〈知〉
（荒々しく棍棒を振るう力は青銅の穂先のついた槍に対してほとんど役に立たなくなった）

(;) (the strongest back) could not compete in loading-carrying against
＝　　　　**A**
(the wheel). (e)
　　　　B

　下線部 (e) は直前のセミコロン (;) から、直前の文の言い換えであり、また、(1) のアプローチで試みたように、第2文＝第3文と反対の内容であることに注目する。

　第[2]パラグラフ中の **A** と **B** の表現リレーに着目して、下線部 (e) を考えると、次のようになる。

```
A〈体力〉:  ❷size and physical strength（体が大きく体力があること）
        ⇒ ❸The powerful man（強い人間）
        ⇒ ❸brute force（腕力）
        ⇒ ❺Brute club-wielding strength（荒々しく棍棒を振るう力）
        ⇒ ❻(the strongest back)　（どんな強靭な人の背中でも）
                                （どんな頑強な体でも）
B〈知力〉:  ❶man's reasoning abilities（人間の思考力（理性を働かせる能力））
        ⇒ ❶prehistoric technology（先史時代の技術）
        ⇒ ❺bronze-tipped spears（青銅の穂先のついた槍）
        ⇒ ❻(the wheel)（車輪）
```

⇒　A could not compete in loading-carrying against B 〈A＜B〉
　　（荷物運びにかけては、A は B にかなわなかった）　⇒　(e)

　　注目　compete against ～（～と競う、～と張り合う）
　　注目　(the strongest back（最も強靭な背中）⇔ the wheel（車輪）)
　　　　　　⟶　loading-carrying（荷物運び）

┌─ 問 5 の解答 ─────────────────────────┐
│　どんな強靭な人の背中でも荷物運びにかけては車輪にかなわなかった。│
└───────────────────────────────────┘

問 6、問 7　解法の手順

　下線部 (f) (g) も下線部 (d) (e) の問題の延長線にある。第②パラグラフがどのようにして第③パラグラフに展開されるか、また、第③パラグラフ内部の展開にも目を向けてみよう。

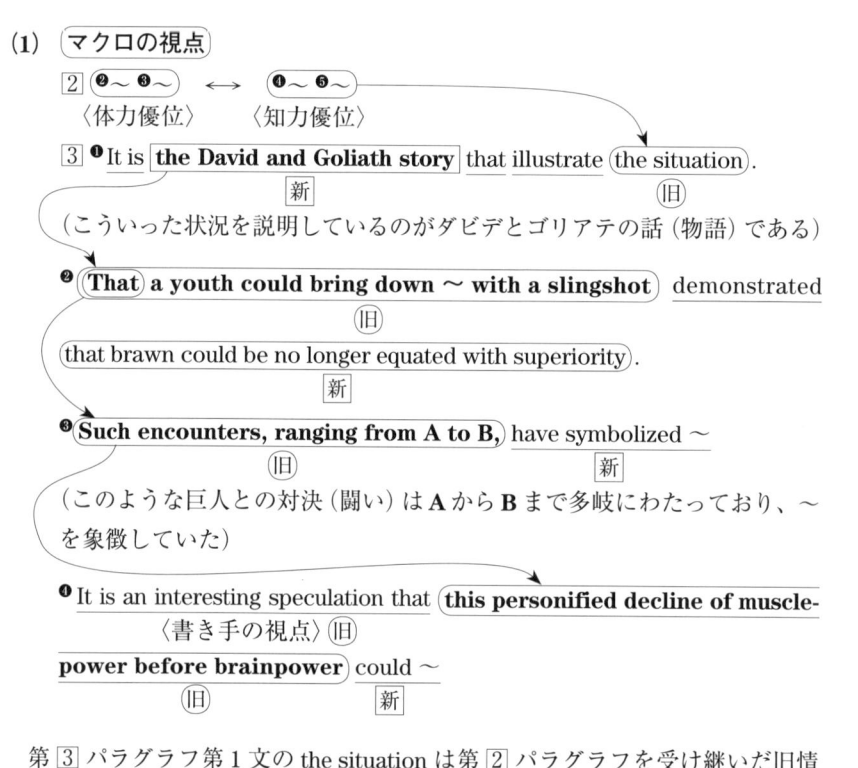

(1)　マクロの視点

　　②　❷〜❸〜　⟷　❹〜❺〜
　　　〈体力優位〉　　〈知力優位〉

　③　❶ It is <u>the David and Goliath story</u> that illustrate <u>the situation</u>.
　　　　　　　　　　　　新　　　　　　　　　　　　　　　　　　旧
　　（こういった状況を説明しているのがダビデとゴリアテの話（物語）である）

　❷ <u>That a youth could bring down 〜 with a slingshot</u> demonstrated
　　　　　　　　　　　　　旧
　　<u>that brawn could be no longer equated with superiority</u>.
　　　　　　　　　　　　　新

　❸ <u>Such encounters, ranging from A to B,</u> have symbolized 〜
　　　　　　　　　　　旧　　　　　　　　　　　　　　　　新
　　（このような巨人との対決（闘い）はAからBまで多岐にわたっており、〜を象徴していた）

　❹ It is an interesting speculation that <u>this personified decline of muscle-</u>
　　　　　　　〈書き手の視点〉旧
　　<u>power before brainpower</u> could 〜
　　　　　　旧　　　　　　　　　　　新

　第③パラグラフ第1文の the situation は第②パラグラフを受け継いだ旧情報であり、the David and Goliath story が新情報である。"It is 強調箇所 that
　　　　　　　　　　　　　　　　　　　　　　　　　　　　　　　　　　　　　〈X〉
強調箇所以外の文の要素"の分裂文では強調箇所〈X〉が新情報で、〈Y〉が旧情
〈Y〉
報となることがある。情報の流れの逆転。第2文では第1文の新情報"the David and Goliath story"が主部の旧情報"That a youth could bring down 〜 with a slingshot"に受け継がれ、そして、この That 節が第3文の旧情報"Such encounters"に受け継がれ、さらに、Such encounters が第4文の旧情報"this personified decline of muscle-power before brainpower"に受け継がれている。第1文と第2文はジグザグ型、第2文と第3文は平行型、第3文と第4文も平行型の

情報展開である。

(2) (1)の情報展開により、下線部(f)の内容は次のように分析できる。

X: ❷(a youth) could bring down (the gigantic champion of the Philistines)
　　　〈B〉　　　　　　　　　　　　　　〈A〉
(with a slingshot) ⇒ A＜B
　〈B〉
〈一人の若者がペリシテの巨人の戦士を打ち負かすことができた〉
⇒ Y: ❷(brawn) could be no longer equated with (superiority) ⇒(f)
　　　〈A〉
〈A はもはや優位ではあり得なかった〉

"X demonstrated Y"（X は Y を証明した）が「X＝Y」を表すことに注目すれば、X から Y への表現リレーに気がつく。すると Y は「A はもはや優位ではあり得ない」という内容だと判明する。そして、brawn は、直前の the gigantic champion of Philistines を抽象的に言い換えている。つまり、問 4、問 5 の **解法の手順** (2) の A: size and physical strength からの表現リレーであるから、「体力があること」だと類推できる。

また、equate A with B（A を B と同一視する、A を B と同等に考える）→ A be equated with B（A は B と同一視される、A はすなわち B だとされる）に注目する。下線部(f)は「体力があるということが、すなわち優位であるとすることはもはやできない」と読解できる。したがって(f)に合致しないのは、

5. physical strength was none the less considered the first thing necessary to obtain power（体力はそれでもやはり力を得るのに必要な第一のものであると考えられた）

   注目 none the less（それでもやはり）

他の選択肢の意味は以下の通り、(f)と合致する。

1. physical strength ceased to be the primary condition for obtaining power（体力は力を得るための第一条件ではなくなった）
2. physical strength did not guarantee power any longer（体力はもはや力を保証しなかった）
3. physical strength did not mean power any longer（体力はもはや力ということではなくなった）

4. physical strength was no longer everything in obtaining power（体力はもはや力を得るのに最も大切なものではなかった）

問 6 の解答

5

---

(3) (g)の具体的記述は、(1)の情報展開から、以下の表現リレーに着目することによって判明する。

❶the David and Goliath story

⟹　❷That a youth could bring down the gigantic champion of the Philistines with a slingshot

⟹　❸Such encounters

⟹　❹this personified decline of muscle-power before brainpower
　　　　　P′　　　　　　V′　　S′⟨A⟩　　　　⟨B⟩
　⇒　(g)　　　　　　　　　　　　　S′

（頭脳の力より体力が優位性を失っていくことがこのように擬人化して物語にされていること）

したがって、(g)の具体的記述は第2文の主部の That 節。

注目　decline of A before B 〈文圧縮の名詞構文〉
　　　　　V′　　S′　M₂′
　　　〈← A decline before B〉
　　　　　S　V　　M₂
　（A が B を前にして衰退すること）

注目　the David and Goliath story
　　　→　this personified 名詞のかたまり 〈文圧縮の名詞構文〉
　　　　　　P′　　　　　　S′
　　　〈← S is personified like this〉
　　　　　　　　　P
　（〜がこのように擬人化して物語にされていること）

問 7 の解答

That a / a slingshot

問 8 解法の手順

(h) の整序問題は、動詞の使い方、構文、熟語などにスポットを当て、それぞれのかたまりを形成するプロセスを辿る。

(1) seemed は to 不定詞か名詞か形容詞か分詞を補語にとる。この場合の可能性は以下の三通り。
- ① seemed to ～
- ② seemed vast
- ③ seemed constructed

(2) too 形容詞／副詞 to 原形 の構文に着目する。
⟹　too (vast) to ～

(3) to 原形 を意識する。
⟹　to have

(4) have の後に続くのは？ 残りの選択肢から考える。
⟹　have been constructed by men
　　※ to have been constructed by men で完了 to 不定詞

したがって、解答は
　seemed (too) vast (to) have been constructed by men
　―――――   ―――
　　V　　　 　C
（人間が作ったにしては巨大すぎるように思われる）

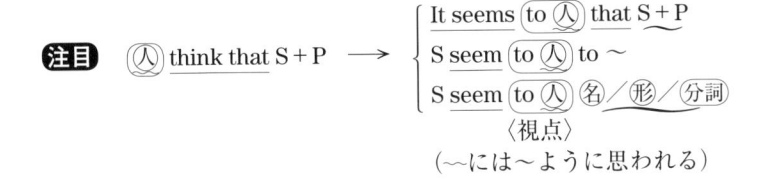

注目　(人) think that S + P ⟶
- It seems (to 人) that S + P
- S seem (to 人) to ～
- S seem (to 人) 名／形／分詞
　〈視点〉
（～には～ように思われる）

―― 問 8 の解答 ――
　　　　7、8、6、4、1、3、2、5

総合問題5

次の文章を読んで、あとの問いに答えなさい。

1 ❶One might suppose that there is nothing with which we can be more intimately acquainted than ourselves. ❷Yet when we attempt to say just what we mean by this (a)<u>deceptively simple word 'self'</u>, we are confronted with unanticipated difficulties. ❸We begin with the feeling that the word refers to 'something', but (b)<u>we have difficulty saying to what it refers.</u> ❹Is it something that we experience? ❺Many philosophers since *Hume maintain that it is not; at least, that (c)<u>it cannot be experienced in the ways that we experience rivers and trees.</u> ❻We do not observe the self in the sense in which we observe material objects. ❼As Hume argued, all that we experience when we look for the self 'within' are thoughts, perceptions, sensations, images, and so forth. ❽Never do we perceive that which thinks the thoughts or has the images. ❾(d)<u>Nor do we perceive that about us that makes us the selves we are, that is to say, that about me that distinguishes me from you and enables me to say that I am the same person now that I was two hours ago.</u>

2 ❶An important theme in the Western philosophical tradi-

tion is that there is something fundamental about each of us that makes us different from anyone else. ❷This difference — whatever it is — is what makes you, you and what makes me, me. ❸Since we are thought to be unique, moreover, we are also thought to be irreplaceable; and this irreplaceability is sometimes thought to be a source of <u>our worth.</u>(e) ❹But what, we might ask, is this unique something that makes me, me and makes you, you? ❺And what is so valuable about it?

3 ❶Suppose that we could choose to produce copies of living persons. ❷Each would have the same memories, personalities, and so forth, and think of him-/herself as the same person (at least until informed of his/her origins). ❸Could we now say that each person (self) is unique in some important sense? ❹If our uniqueness is the foundation of our value, does it follow that duplicate persons have less value (deserve less respect, have fewer rights)? ❺Do they?

(注) *Hume = David Hume (1711–1776) イギリスの哲学者

問1　下線部 (a) について、なぜ 'deceptively' だと著者は言っているのか、次のうちから最も適当だと思われる理由を選び、記号で答えなさい。
a. 実はわれわれは自分より他人の方をよく知っているから。
b. 単純さの裏に複雑さが潜んでいるから。
c. われわれは偽善者だから。

d. よく知っているつもりでもいざとなるとよくわからないものだから。

問2 下線部 (b) を形容詞 difficult を使って、同じ意味を表すように書き替えなさい。

問3 下線部 (c) の it が指しているものは何か、本文中の最も適切な一語を抜き出して書きなさい。

問4 下線部 (d) の言っていることと内容が一致する文章を次のうちからひとつ選び、記号で答えなさい。
a. 現在のわれわれを作りあげたものを知覚することはできない。
b. われわれ自身について考えるとき、他者との違いを知覚せざるをえない。
c. 現在のわれわれ自身の核になるものを知覚することはできない。
d. われわれは昔の自分と同じであるので他者との違いも知覚できない。

問5 下線部 (e) について人間一人ひとりの価値をつくり出す要素や根拠を表わす語であると一般に考えられているものは何だと著者は言っているか、次のうちから適当なものを二つ選び、記号で答えなさい。
a. experience　　b. respect　　c. uniqueness　　d. origin
e. images　　f. tradition　　g. difference　　h. personality

問6 この小文につける題として最もふさわしいものを次のうちから選び、記号で答えなさい。
a. The Invaluable Self
b. You and I
c. How to Perceive Things
d. What Is 'I'?

e.　The Possibility of Producing Copies of Living Persons
　f.　The Importance of Our Worth

問7　次の文章のうち本文で言っていることと内容の一致するものを一つ選び、記号で答えなさい。

a.　ある人とそっくりな人をつくり出すことで個人の独自性がより明確になる。

b.　人間の価値が一人ひとりの独自性から生ずることは確かだとしても、他人と比較して、人間的価値の劣る人、尊敬される度合の低い人、権利の少ない人などはやはり存在する。

c.　まったく同じ人間をつくることができるとすれば、複製人間の方がもとの人間より人間的価値が劣ると考えられる。

d.　ある人とそっくりな人間をつくることができた場合を想定してみると、人間の独自性というものが決して疑問の余地のないものではないことがわかる。

e.　記憶、人格などがまったく同じ二人の人間でも、出生が異なるので同じ人間とはみなされない。

（中央大学法学部）

（訳は別冊 p. 14）

解　説

問1　解法の手順

　下線部 (a) の戸惑いを覚えるような表現 deceptively simple word 'self'（偽って簡単な言葉?）とはどういうことなのか。それを考えるには第1文と第2文のつながりの、"might 〜. Yet 〜." という譲歩の展開に目を向けなくてはならない。まず、下線部 (a) を含む Yet 以下の文は、前文の "One might suppose that 〜"（〜とひょっとして思うかもしれない）という表現から、that 節の一般の考

えを打ち消していることに気がつかなくてはならない。次に、that there is nothing with which we can be more intimately acquainted than ourselves（自分自身のことほど深く精通しているものはない）を this ... simple word 'self' という表現で受けながらも、これを deceptively という副詞で否定していることに気がつかなくてはならない。this 名詞は前文全体、あるいは、前文の一部のまとめとして機能することに注目する。したがって、下線部 (a) は「『自己』という一見簡単そうに思えるが実はそうではない言葉」と解釈することができるから、問1の解答は d の「よく知っているつもりでもいざとなるとよくわからないものだから」と導き出すことができる。

―― 問1の解答 ――
d

(ミクロの視点)
- no〔other〕名詞 + 比較級 than 〜
- no〔other〕名詞 + so（as）形／副 as 〜

→ 最上を表す

（〜ほど〜―はほかにない）

（例） Nothing is more precious than time.
（時間ほど貴重なものはない）
→ Time is the most precious thing of all.

問2　解法の手順

下線部 (b) を含む第3文は第1文と第2文を言い換えている。第3文の前には That is が潜在する。『**A: One might suppose that 〜 ourselves. B: Yet when we attempt to say just what we mean by this deceptively simple word 'self', we are confronted with unanticipated difficulties.**（しかし、「自己」というこの一見簡単そうに思えるが、実はそうではない言葉とは、まさにどういう意味なのかを述べようとすると、思いがけない困難に直面する）』→『**A′: We begin with the feeling that the word refers to something**（はじめは、「自己」という言葉は何かあるものを指していると感じる）、**B′: but we have difficulty saying to what it refers.**』となるから、B→B′ への表現リレーがわかる。また、B の内容に着目することによって、B′ の内容がだいたい「自己の意味を述べることは困難」と読みとることができるから、It is difficult to 〜

で書き換えられると推察できる。下線部 (b) の構文 "S have difficulty〔in〕〜ing"（〜するのに困難を感じる）は "It is difficult for S' to 〜" か "S find it difficult to 〜" に変換可能である。したがって、問2の解答は、it is difficult for us to say to what it refers か、we find it difficult to say to what it refers となる。

--- 問2の解答 ---
it is difficult for us to say to what it refers / we find it difficult to say to what it refers

問3　解法の手順

問1、問2の考察により、this deceptively simple word 'self' → the word → it の流れがわかるだろう。そして、「自己とは何を指すのかなかなか言うことができない」という第3文の but 以下の主張に続き、第4文で Is ⓘt something that we experience?（(自己)とは我々が経験する何ものかであろうか）と問いかける。そして、その答えが、第5文 "Many philosophers since Hume maintain that 〜; at least that ―" であり、哲学者の主張を引用して展開される。その主張はそれぞれの that 節の中にある。つまり、

　ⓘt is not〔something that we experience〕
　（自己とは経験する何ものかではない）

であり、さらに、

　it(c) cannot be experienced in the ways that we experience rivers and trees
　（自己とは、川や樹木を経験するような形で経験することはできない）

と続く。したがって、**this deceptively simple word 'self' → the word → it → it → it** という中心テーマの表現リレーに気がつくだろう。したがって、**下線部 (c) の it が self を指していることが判明する**。

〔ミクロの視点〕

①　❺maintain (that 〜); at least (that ―)
　　　　V　　　O　　　　　　　O
　　（〜、少なくとも、―と主張している）

② ❹Is (it) [something that we experience] ?
→ ❺(it) is not [[something that we experience]].
〈語の重複を避けるための省略 ⇒ 直前の文と対照させる〉

問3の解答

self

問4　解法の手順

　下線部 (d) の内容を考えるのに、改めて第①パラグラフの論理展開を辿ることから出発しよう。第1文 One might suppose that ～ で (A) 一般の考え「自己の実体の把握は簡単」を提示しておきながら、第2文でそれを否定することによって、(B) 書き手の考え「自己の実体の把握は困難」を打ち出している。そして、第1文と第2文を反復する形でもっと簡潔な第3文〈(A) but (B)〉が続くのである。**同じ表現の反復は著者の考えを強める働きをすることに注目する。**そして、第4文で書き手は疑問を投げかける。第5文以下では、権威者の考えを打ち出すことによって、書き手の考えを補強し、第4文に答えるといった展開をとっている。すなわち、第5文のヒューム〈権威者〉以来の哲学者の主張「自己とは経験する何ものかではない。川や樹木を経験するような形では経験できない」を引用し、さらに第5文を言い換えた第6文 "We do not observe the self in the sense in which we observe material objects."〈前に That is が潜在〉「有形のものを観察する意味で自己を観察することはない」が続く。そして、"it cannot be experienced ～" "We do not observe the self ～" という否定文の後に、その裏返しの肯定文第7文が現れる。**『否定文、〔Instead〕肯定文』の論理展開**に着目する。第7文 (As Hume argued), all that ～ are —" で再度、ヒューム〈権威者〉の主張「『内なる』自己を探し求めるときに経験するものは思想、知覚、感覚、心像等々だけである」を引用することによって、第8文〈前に In short が潜在〉と、さらに、それを言い換えた第9文〈前に That is が潜在〉で書き手の主張を要約し打ち出している。第9文中の that is to say に着目することによって、一番の主張は Nor do we perceive that about me that distinguishes me from you にあることになる。したがって、**第①パラグラフは、ツヨイ文がこの箇所にあることが判明するし、これが第3文の but 以下の下線部 (b) と同じ内容であることを踏まえれば、『自己の実体を知覚することはできない』**とまとめ

ることができる。

　これによって、下線部 (d) の内容が浮かび上がってくるが、さらに確実なものにするためには、第②パラグラフの第 1 文の that 節に目を向ければよい。これが下線部 (d) を明瞭に言い換えた文であることに気がついただろうか。すなわち、(something fundamental) ⟨about each of us⟩ that makes us different from anyone else (各人には、自己をほかのいかなる人間とも異なったものにする何か根源的なもの) を手がかりにすれば、下線部 (d) の (that) ⟨about us⟩ that ~ distinguishes me from you (人間には、自己と他者を区別するもの) の (that) の内容が浮かび上がってくる。

　この that は指示代名詞で something fundamental (何か根源的なもの) を暗示しており、関係代名詞 that の先行詞として機能している。以上のことを踏まえると、下線部 (d) は「人間には、自己を現在の自己たらしめている核なるもの、すなわち、自分には、自己と他者とを区別し、現在の自分は 2 時間前の自分と同じ人間であると言うことのできる核なるものを知覚することもない」と読解できる。したがって、問 4 の解答は c の「現在のわれわれ自身の核になるものを知覚することはできない」となる。

問 4 の解答

c

ミクロの視点

① the 名詞 that ~

　a. that 以下が不完全文 ⟨V ／ S ＋他動詞など⟩
　　⇒　関係代名詞の that

　b. that 以下が完全文
　　⇒　{ that は同格の接続詞 ⟨同格の that 節を導く名詞は特定のもの⟩
　　　　 (～という—)
　　　　 that は関係副詞 (～—)

　　　　※下線部 (d) の場合は、名詞 (that) makes ~ ／ 名詞 (that) ...
　　　　　　　　　　　　　　　　　　　V
　　　　enables ~スタイルだから、that は関係代名詞。
　　　　　V

② 「名詞＋前置詞＋名詞＋関代」のスタイルでは、先行詞が「前置詞句の中の名詞なのか」、「前置詞句の前の名詞なのか」を判定する必要がある。この場合には、前置詞句〈about us / about me〉を括ることによって、その前の代名詞 that が先行詞だとわかる。

③ makes us (the selves) 〔that〕 we are は関係代名詞 that を補って考える。
   V   O   C   M₁

後述の the same person now (that) I was two hours ago と対照させればますます明らかで、関係代名詞が be 動詞の補語になっている〈通例省略〉。
（例）He isn't the man〔that〕he used to be.（現在の彼は以前の彼ではない）

④ 否定文 (Nor) 倒置文〈疑問文のスタイル〉
   ‖
   and＋not＋either（もまた）
   （一ない。そして、また～ない）

⑤ (無生物主語) enable   O to ～
   〈→原因の〉   V   〈→S〉 C
   〈M₂に還元〉
   （～ために、一は～できる）

⑥ distinguish (discriminate, know, tell) A from B ＝ distinguish (discriminate) between A and B は（AとBとを区別する）

問5　解法の手順

　第②パラグラフの展開に着目することによって、下線部(e) our worth を作り出す根拠を考えてみよう。第①パラグラフの『**自己の核は知覚できない**』という主張を受けて、それでも、いや、それだからこそ、西洋哲学の伝統的主題は「自己と他者とを異ならしめる根源的なものが存在する」と続く。ここでも、第1文以降、第2文で同じ内容が反復され〈前には That is が潜在〉、第3文〈2つの文から構成〉は、連結語で Discourse Marker の moreover からも、第2文に対する追加文であることがわかる。
　ここで、注目すべきことは第②パラグラフの情報展開である。

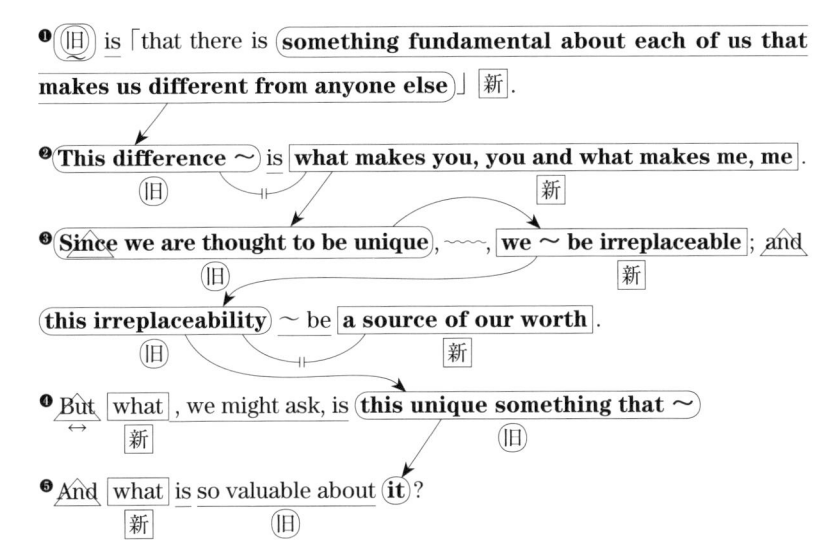

❶ 旧 is「that there is something fundamental about each of us that makes us different from anyone else」新.

❷ This difference 〜 is what makes you, you and what makes me, me.
　　　旧　　　　　　　　　　　　　　新

❸ Since we are thought to be unique, 〜〜, we 〜 be irreplaceable; and
　　　　　　旧　　　　　　　　　　　　　　　　新
this irreplaceability 〜 be a source of our worth.
　　　旧　　　　　　　　　　新

❹ But what, we might ask, is this unique something that 〜
　　　　新　　　　　　　　　　　　旧

❺ And what is so valuable about it?
　　　新　　　　　　　　　　　旧

　第1文の「there is」構文で提起した新情報Sのかたまり"something fundamental"が、後続の第2文のThis difference「旧情報」として受け継がれてその説明が展開される〈there is構文のルールを喚起する〉。

　さらに、第2文の新情報 what makes you, you and what makes me, me（あなたをあなたたらしめ、私を私たらしめているもの）が、第3文の旧情報Since節のuniqueに受け継がれ〈冒頭部の従属節は旧情報であることに着目する〉、今度は第3文の新情報の be irreplaceable が and 以下の旧情報 this irreplaceability（このように他には置き換えることのできない存在であること）に受け継がれて、問題の新情報 a source of our worth（我々の価値の源）が提起されている。ジグザグ型の情報展開である。

　つまり、

　　❶something fundamental 〜 different from 〜
⇒　❷This difference
⇒　❸be unique
⇒　❸be irreplaceable
⇒　❸this irreplaceability
⇒　❸a source of our worth
⇒　❹this unique something 〜
⇒　❺it

という中心テーマの表現リレーに気がつくであろう。

「人間一人ひとりの価値をつくり出す要素や根拠〈→ a source of our worth〉を表す語」は、a の experience（経験）、b の respect（尊敬）、d の origin（根源、起源）、e の images（像、心像）、f の tradition（伝統）、h の personality（個性）とは合致しない。したがって、c の uniqueness（独自性）、g の difference（相違）が解答となる。

―― 問 5 の解答 ――
c、g

問 6 問 7　解法の手順

　問 7 の内容一致不一致問題は、選択肢の内容からこの文章の要約を問いかけているし、問 6 のタイトル判定問題は文章の要旨をさらに圧縮したものであることを考慮に入れなくてはならない。すると、第 2 パラグラフ、第 3 パラグラフの文関係に着目することで、ツヨイ文を発見するというマクロの視点に立脚すれば、解答が明確に導き出せるはずだ。

(1)　第 2 パラグラフの第 3 文以降の論理展開も "Since we are thought to be unique, moreover, we are also thought to be irreplaceable; and this irreplaceability is sometimes thought to be a source of our worth."（人間は独自の存在であると考えられているがために、他には置き換えることのできない存在であると考えられているし、そのことが人間の価値の源泉であると考えられている）と一般の考えを提起しておきながら〈第 1 パラグラフで使われた One might suppose that というスタイルが、ここでは we are thought to / is thought to be というスタイルになっている〉、第 4 文の逆節の接続詞 But で打ち消すことによって、書き手の考えを打ち出している。一般論が打ち消されて書き手の主張が提示されるという論理展開に改めて注目する。しかも、この文が疑問文であることに着目しよう。疑問の投げかけとそれに対する答えこそが書き手の主張を表すのである。第 2 パラグラフでは、ツヨイ文は But 以下の文であることが判明するから、『**自己の独自性とその価値への疑問**』とまとめられる。

(2) 第3パラグラフは第2パラグラフの第4文、第5文の疑問に対する否定的見解を打ち出そうとしている。第1文では、"Suppose that we could choose to produce copies of living persons"(生きている人間の複製を作ろうとすることができるとしたらどうだろうか)という仮定法過去の条件節が独立して置かれた後に、第2文と第3文の帰結文が続く。第2文 "Each would have the same memories, personalities, and so forth, and think of him-/herself as the same person"(それぞれの複製人間は、もとの人間と同じ記憶や人格を持ち、自分をもとの人間と同じ人間だと考えるだろう)に導かれて、第3文 "Could we now say that each person (self) is unique in some important sense?"(さて、そうなると、各人(各人の自己)は何らかの重要な意味において独自の存在だと言えるだろうか)と疑問を投げかける。そして、それを言い換えた第4文 "If our uniqueness is the foundation of our value, does it follow that duplicate persons have less value?"(人間が独自の存在であることが人間の価値の基盤であるとするならば複製人間の方が通常の人間よりも価値が低いということになるのであろうか)、さらに、第5文 "Do they?"(本当にそうだろうか)で、書き手は反語となる修辞疑問文を3つ投げかけている。第2パラグラフの考察により、この箇所に最も重要な主張が含まれていることになる。すなわち、第3文「人間は独自な存在であるとは言えないのではないか」と第4文「複製人間の方が通常の人間よりも価値が低いことにはならないのではないか」より、**第3パラグラフは『人間の独自性とその価値への否定的見解』**とまとめられるし、これがこの文章全体における書き手の結論ということになる。

以上の考察から、問6の題名選択はdの What is 'I'? (自分とは何か)が解答となる。他の選択肢aの The Invaluable Self (非常に貴重な自己) は消去される。なぜならば、テーマは「自己とは何か」を問うものであり、本文ではその問いへの明確な答えが提示されていないので、「自己」について「貴重だ」という属性は表現できないからである。cの How to Perceive Things (ものの知覚の仕方) とeの The Possibility of Producing Copies of Living Persons (生きている人間の複製を作り出す可能性) は枝葉末節の事柄であるから消去されるし、bの You and I (他者と自己) は不適切であるといった具合に見れば、他愛もない問題であることに気がつくであろう。また、問7の内容一致不一致は、第3パラグラフの主張を問う問題であるから、第3文と第4文とを照らし合わせて、d.「あ

る人とそっくりな人間をつくることができた場合を想定してみると、人間の独自性というものが決して疑問の余地のないものではないことがわかる」が選択される。

　文法知識だけにとどまらず、論理の展開を駆使することによって、問題の解法が容易に明確になることがおわかりいただけたと思う。

---- 問 6, 7 の解答 ----
問 6　d／問 7　d

英文精読へのアプローチ
えいぶんせいどく

●2009年11月1日初版発行●
●2021年6月18日5刷発行●

●著者●
　　太　庸吉
　© Yokichi Futori, 2009

●発行者●
　　吉田　尚志

●発行所●
　　株式会社　研究社
　〒102-8152　東京都千代田区富士見2-11-3
　電話　営業03-3288-7777(代)　編集03-3288-7711(代)
　振替　00150-9-26710
　http://www.kenkyusha.co.jp/

●印刷所●
　研究社印刷株式会社

●装丁●
　　寺澤　彰二

KENKYUSHA
〈検印省略〉

ISBN978-4-327-76472-2　C7082　　Printed in Japan